Bücher können gute Freunde sein!

Dieses Buch ist ein guter Freund und Wegbegleiter fürs Leben. Man kann es immer wieder aufs Neue lesen und sich über dies und jenes erneut Gedanken machen … Selbst wenn die Wahrheit noch so bitter wäre, wäre sie dennoch besser als eine Lüge oder die Unwahrheit. Religion ist vom Gott meiner Philosophie gewollt, damit Menschen einen Glauben haben, der sie über ihre eigentliche Vergänglichkeit hinwegtäuscht, damit das Leben und Sterben auf Welten wie der unseren erträglicher wäre.

Eine unsterbliche Seele kann nur aus einer uns unbekannten Materie entstehen.

Bei der Menschwerdung von Anbeginn, aus der Materie, die wir kennen, kann niemals eine unsterbliche Seele entstehen ohne Gott-Schöpfer-Allseele.
Sowenig wie der Mensch sich vorstellen kann, weshalb eine Welt-Materie mit Leben existiert,
sowenig kann er sich Gott-Schöpfer-Allseele vorstellen aus einer uns unbekannten Welt-Materie.
Solange nicht bewiesen wäre, dass es keinen Gott gibt, wird es immer Religionen geben.

Selbst wenn in Zukunft die moderne Naturwissenschaft bewiesen hätte, dass es nichts Übernatürliches gab noch gibt, hätte dieses Buch dennoch nicht an Bedeutung verloren. Dieses Buch ist für die Menschheit von größter Bedeutung. So wie auch für den einzelnen Menschen.

1

FSC
www.fsc.org
MIX
Papier aus ver-
antwortungsvollen
Quellen
Paper from
responsible sources
FSC® C105338

Bibliografische Information der Deutschen Nationalbibliothek
Die Deutsche Nationalbibliothek verzeichnet diese Publikation in
der Deutschen Nationalbibliografie; detaillierte bibliografische
Daten sind im Internet über http://dnb.d-nb.de abrufbar.

3. überarbeitete Auflage
© 2011 Wespar Dagamma
Umschlagdesign, Herstellung und Verlag:
Books on Demand GmbH, Norderstedt
ISBN 978-3-8448-6211-9

Was ist

der Sinn

des Lebens

und der Welt?

Der Zweck dieses Buches wäre noch den Menschen oder die Menschheit schlecht hin zum Waren Schönen Guten zu bekehren. Um so Frieden zu stiften unter allen Völkern der Erde. Gewagtes würde nur diesem Zweck dienen. Ob man etwas bewirkt stände auf einem anderen Blatt.

Vorwort!

Dieses Buch zwingt
zum Nachdenken!

Durch diese Idee wird deutlich, dass es möglicherweise nie etwas Übernatürliches gab noch gibt. Durch diese Philosophie wird deutlich, dass sämtliche Religionen der Welt, die es je gab oder noch gibt, niemals der Wahrheit entsprechen können.

Hier tritt der wahre Sinn des Lebens und der WELT ganz deutlich ans Tageslicht.

Diese <u>THEMATIK</u> muss man immer wieder lesen, unvoreingenommen, ohne Vorurteil abwiegen, bis man begriffen hat, dass es nur so und nicht anders sein könnte. Solange die Wahrheit nicht bewiesen wäre, ist es sinnlos, über andere Spekulationen nachzudenken.

Am Ende dieser THEMATIK mag jeder glauben, was er mag. Denken Sie darüber nach!

Bevor sich der Vorhang hebt, sei Folgendes gesagt: Alle Menschen, hoch oder niedrig, werden auf der ganzen Welt in die verschiedensten politischen und religiösen Ideologien geboren. Mit ihren verschiedensten Ansichten über Gott und die Welt.
So werden dementsprechend Menschen von Anbeginn erzogen, politisch oder religiös oder was auch immer. Und müssen dies oder jenes sein. Ob sie wollten oder nicht.
Eine eigene Meinung bildet sich erst ein Mensch, wenn er kann und dazu in der Lage ist, im Verlauf seines Lebens. So wie Menschen zur Waffe gezwungen werden, zu Urzeiten und so auch heute noch, werden Menschen auch dazu gezwungen, dies oder jenes zu sein oder zu glauben.

5

So wird wohl heute noch z. B. in Saudi-Arabien ein Mensch geköpft, wenn er sagen würde, er glaube nicht an Gott. So wurde das Christentum vorwiegend den Menschen von Karl dem Großen durch Feuer und Schwert aufgezwungen. Wer sich widersetzte, wurde geköpft oder hingerichtet.

Selbst heute noch muss ein Mensch um sein Leben bangen, wenn er eine eigene Meinung hat in Politik, Religion oder was auch immer und sich dementsprechend nicht unterwirft.

Man muss annehmen, dass sämtliches Leben vor Milliarden von Jahren ohne Schöpfer von Natur aus entstand, innerhalb sämtlicher Urozeane und Urgewässer. Dieses höhere Leben entstand wiederum von Urzellen, Protozellen, Protoplasma oder wie man auch die ersten Voraussetzungen für Leben nennen mag. Die wiederum vor vier Milliarden Jahren wie unsere Erde entstanden.

Aus Urfischen, Algen usw., andeutungsweise, entstand alles Leben auf den Kontinenten, da sich so dem entsprechend das Leben aus dem Wasser sich das Land eroberte.

Wie alles Leben gingen auch alle verschiedensten Menschenrassen aus den verschiedensten Urwesen hervor. Vor einer Million Jahren lernte der Mensch, noch mehr Tier (Affe), das Aufrechtgehen. Nach unserer heutigen Naturwissenschaft sind wir Menschen, wenn wir heute in den Spiegel schauen, auch nichts Weiteres als ein „Affe".

DER TIER-MENSCH

Damit soll gesagt werden, dass bei einem derartigen evolutionistischen, chemischen „PROZESS", atomar, molekular, an sich toter Materie niemals eine unsterbliche „SEELE" entstehen kann, die nach dem Tode zu Gott oder sonst wohin oder überhaupt in irgendeiner Form weiterleben könnte.

Sämtliche Ideologien, religiös, politisch oder was auch immer, in dieser Hinsicht wären als WUNSCHDENKEN und menschliche Fantasie zu deuten.

Wenn einmal der Vorhang fällt und der Mensch „ALLWISSEND" wurde, hätten wir den „BEWEIS".

Als Goethe von der Geschichte aus dem Mittelalter, nach der Faust einen Pakt mit dem Teufel hatte, hörte, inspirierte diese Geschichte Goethe zu seiner Faust-Dichtung.

Mich inspirierte wiederum Goethes Faust-Dichtung zu der Idee, dass, wenn es einen Gott gäbe in der Welt, der als Schöpfer aller Dinge auch in Frage käme… selbst höchstpersönlich ebenfalls auch der Teufel in einer Person wäre. Wenn nun dieser Gott ausschließlich nur das Gute gewollt hätte, würde eine derartige Welt wie die unsere nicht existieren. Darüber hinwegtäuschen können auch sämtliche Religionen nicht, die es je gab oder noch gibt. Dass der wahre Schöpfer GOTT meiner Philosophie auch der Teufel in einer Person wäre. Weil ER das Böse auf unserer Erde, wie Krankheit, Tod, Krieg und Verderben usw., so gewollt hat.

DER ABENTEUER WEGEN!

Sonst würden wir Menschen auf einem Planeten PARADIES leben, ohne das Böse, Tod und Verderben. Ohne Hölle und Fegefeuer usw., wie solches noch näher beschrieben wird.
Er allein, GOTT meiner Philosophie, besitzt eine unsterbliche Seele und lebt als Mensch hier auf Erden unter Menschen wie du und ich. Als König, Fürst, Arzt, Fußballheld oder was auch immer. Der Mensch, noch Tier besitzt keine Seele, und kein Glaube kann darüber hinwegtäuschen.
Mögen sie noch so zauberhaft sein, die einzelnen Religionen in ihrer Kultur, Kunst, Pracht und Magie, Gebräuchen, Riten, Zeremonien usw. Seien es die buddhistischen oder hinduistischen Tempel oder es wird beim Islam zum Gebet ausgerufen. Oder die Glocken bei der

7

Christenheit zum Gottesdienst läuten, wie Dome, Kirchen, Münster und Kathedralen.

Nichts, aber auch nichts kann darüber hinwegtäuschen, denn dies wäre vom Gott meiner Philosophie so gewollt, damit dementsprechend Kulturen existieren mit deren verschiedensten Sitten, Gebräuche und Moralbegriffen usw.

Von ANBEGINN bis in alle EWIGKEIT zu seinem VERGNÜGEN!

Innerhalb aller Naturvölker, Völkerstaaten und deren verschiedenen Rassenzugehörigkeiten.

Das Wort „Religion" kommt aus dem Lateinischen und heißt soviel wie immer wieder lesen, die heiligen Schriften usw. Hier handelt es sich aber nicht etwa um Religion im herkömmlichen Sinne. Oder man wollte gar eine Religion begründen, um auch Gläubige zu gewinnen.

NEIN, hier geht es um Philosophie! Wie Gott wirklich wäre, wenn es ihn gibt.

GOTT meiner Philosophie ist der einzige Mensch unter Menschen, der unsterblich wäre durch seine ALLSEELE. Alles übrige Leben, so auch der Mensch, muss sterben und zu Staub zerfallen.

GOTT meiner Vision kann den unendlichen Kosmos durchschreiten mit seiner Allseele, als würden wir nur von einem Dorf zum anderen schreiten. Mit seiner Seele kann er jede Materie durchdringen und selbst so die Sonne durchschreiten usw.

Er kann dafür sorgen, dass gewünschte menschliche Körper immer vorhanden sind, je nachdem welches Leben er leben möchte innerhalb aller Menschen – Rassen – Völker – Staaten usw.

GOTT kann auch menschliche Körper spontan, auch im unverwundbaren Sinne, entstehen lassen. Ohne dass dies normal sterblichen Menschen auffallen würde, hätte Gott so dann mit seiner Seele (Allseele) einen gewünschten Körper übernommen.

8

Es hätte eine „Umwandlung" im unverwundbaren, unsterblichen Sinne stattgefunden.

So kann Gott Körper übernehmen oder verlassen mit seiner Seele, als stiegen oder steigen wir wieder aus einem Automobil. Wenn Gott einen Körper mit seiner Seele übernimmt oder wieder verlässt, so merkt dieser normal sterbliche Mensch nicht, dass Gott in ihm war, und lebt weiter, als wäre nichts gewesen. „Andeutungsweise".

Dies wäre eben der Gott meiner Fantasie,
das unglaubliche, unfassbare,
unvorstellbare WUNDER!

Ich persönlich glaube an nichts Übernatürliches. Leben kann jedoch nur aus an sich toter Materie oder durch etwas Übernatürliches (wie Gott etwa) entstanden sein. Nur etwas Übernatürliches oder die Natur kann der Schöpfer sein. Viele Religionen haben die verschiedensten Schöpfungsgeschichten.

Die Natur kennt nur EINE.

Ich würde es dem Gott meiner Fantasie nicht gleichtun. Wenn, würde ich nur das Gute wollen und wäre niemals auch der Teufel in einer Person. Doch ich messe mit menschlichen, sterblichen Maßstäben und könnte mich mit dem Gott meiner Philosophie nicht messen.

Dies könnte die WAHRHEIT sein und es lohnte sich, darüber ein Buch zu schreiben (um es mit in die Waagschale zu legen), welches da heißt:

DIE HÖLLE,
IN DER WIR LEBEN!

9

Möglicherweise muss Gott auch der Teufel in einer Person sein, ob
er will oder nicht. Da nur das Paradies ohne das Böse, wie wir noch
sehen werden, für ihn nicht das wahre Leben wäre.
Daraus ergeben sich die großen Fragen der Menschheit und der Sinn
des Lebens und der Welt. Wo gab es je zuvor Ähnliches?
Der Mensch bekommt dadurch ein anderes Bewusstsein über die
Welt, aus der er hervorgegangen ist, in der er lebt, und deren
Realität. Er sieht die Welt dann anders, mit klaren Augen und
Verstand.
Dieses Buch führt die Menschheit oder den Menschen schlechthin in
die Klarheit.

Wenn das Wunder LEBEN existiert, weshalb sollte dann das Wunder
„Gott meiner Philosophie" nicht existieren?

**Ohne ihn wäre die Welt
wohl dunkel und leer!**

Man muss sich schon mit dieser Idee auseinandersetzen und es
ergeben sich interessante Vergleiche und Perspektiven zu der Welt,
in der wir leben. Und zeigt möglicherweise, dass es nichts
Übernatürliches gibt… Noch geben kann.
Bei manchen Menschen mag diese Idee nicht sogleich ankommen.
Zumal bei tiefgläubigen Menschen, die einer bestimmten Religion
angehören.

**Erst wenn es mit den Jahren durchgedrungen,
erscheint es in vollkommener Gestalt.
Was glänzt, ist für den Augenblick geboren.
Nur das ECHTE bleibt der Nachwelt unverloren!**

(Aus Goethes Faust)

10

Anfang

Hier geht es ja um die Dinge der Dinge!
„Um den Sinn des Lebens und der Welt".

Antworten oder gar Beweise gibt es bis heute darüber nicht. Heute, Anfang des 21. Jahrhunderts, behauptet jedoch die moderne Naturwissenschaft (Genforschung) unter anderem, dass sie im Jahre 2050 etwa die Formel der Welt und des Lebens enträtselt, also dann gefunden, hätte.

In riesigen Versuchslaboratorien versucht man die Entstehung der Welt künstlich nachzuvollziehen.

Um nur eine These unter vielen zu nennen, die besagt, dass die Materie zusammengeballt war wie ein Luftballon, der sodann beim Urknall platzte wie eine Handgranate, und sich auf diese Weise unser heutiges Weltbild formte, mit seinen unzähligen Sternen, Galaxien, Milchstraßen-Systemen, Wirbelgalaxien, explodierenden Galaxien, Spiral-Nebel-Galaxien usw.

Unsere Erde ist hier nur ein winziger Punkt am Randgebiet (Peripherie) unserer Galaxie (Milchstraße).

Selbst unsere gesamte Galaxie verhält sich wie ein Staubkorn in der Wüste Sahara. Zum Vergleich zu dem Raum (Weltall), den wir bereits kennen.

Dies wäre der Makro-Kosmos. Demgegenüber wäre der Mikro-Kosmos nicht unbedeutender und faszinierender. Hier unter dem Elektronenmikroskop befindet sich ein ebenso undurchschaubarer Raum.

Längst sind wir, hier wie dort, noch lange nicht an die Grenzen des Seins oder Nichtseins gestoßen.

Weshalb Materie existiert oder woher sie käme, ist zurzeit unvorstellbar und unbekannt. Ebenso ein begrenztes oder unendliches Universum (unvorstellbar).

11

Wird die Menschheit die Frage beantworten? Nach dem Ursprung der Materie und damit des Universums. Somit wäre sicher alsdann auch der Ursprung des Lebens geklärt, auf einem winzigen Punkt, welchen wir Erde nennen, im womöglich unendlichen Universum.

Gibt es innerhalb oder außerhalb dieser Geschehnisse noch etwas, welches wir Gott oder Allseele nennen können? Haben Götter oder Gott die Materie und mit ihr das Leben und das Universum erschaffen? Geht man davon aus, dass es in der Natur keine Götter noch Gott (Allseele), Seelen schlechthin oder sonstiges Übernatürliches gäbe, kann Leben, Materie oder das Universum nur aus an sich toter Materie (molekular-atomar) oder wie man es nennen mag, ohne denkendes Wesen materiell entstanden sein. Andere Täter kann es nicht geben. Entweder war es Gott oder die Natur. Doch ohne meine Idee von Gott, ausgehend von einer einzigen Allseele, Gott, der alle Dinge so erschaffen hätte, wie sie sind, wäre diese Philosophie über den Sinn des Lebens und der Welt nicht entstanden. Meine Philosophie von Gott besagt aber etwas anderes wie sämtliche Religionen, die noch bestehen oder bereits vergingen bei allen Völkern dieser Erde. Sie besagt, dass dieser Gott alles so gewollt hat auf unserer Erde, wie es ist, war und noch sein wird. Dass Menschen sterben müssen, dass Leben keinem Toten je wiederkehrt.

Der Mensch oder das Tier besitzt keine Seele, die ihm Gott meiner Philosophie etwa gegeben hätte. Wäre der Mensch von Natur aus, aus an sich toter Materie, molekular, chemisch hervorgegangen, so besitzt er erst recht keine unsterbliche Seele. So auch das Tier.

Meine Philosophie von Gott besagt, dass er auch der Teufel in einer Person sei, weil er auch für das Böse auf unserer Erde, wie Krieg und Verbrechen aller Arten und Sparten, verantwortlich ist.

Um Abenteuer erleben zu können!

12

Das reine Paradies und nur das Paradies wäre für ihn sicherlich nicht das wahre Leben, sonst hätte er ein Paradies sogleich erschaffen.
Gott meiner Philosophie besitzt als Einziger eine unsterbliche Seele, die auch innerhalb eines Menschen Platz hätte. So kann Gott alle Zeiten erleben bis in alle Ewigkeit.
Jeder religiöse Glaube und die Hoffnung auf ein Weiterleben nach dem Tode, innerhalb aller Religionen, durch alle Zeiten, wären zunichte bei meiner Philosophie von Gott.
Dies muss jedoch nicht der Wahrheit entsprechen. Es wäre nur eine Idee!
Ohne Ideen wäre die Welt dunkel. Möglicherweise auch ohne Gott!

Dies wäre heute das Weltbild
und Lebensbewusstsein vieler Menschen,
indem sie an eine bestimmte Religion
oder politische Ideologie glauben
oder weder an Gott noch an politische
oder religiöse Ideologien glauben,
angehören, noch solche bestandenen
oder bestehenden anerkennen und für
wahr hielten. Dabei kann ein Mensch
eine eigene Meinung haben oder nicht.
Oder er wäre nur Mitläufer. Allzu oft auch
gegen sein besseres Wissen, aus Feigheit,
Angst oder nur auf seinen Vorteil bedacht.

Gott meiner Philosophie muss auf Frauen nicht verzichten.
Er besitzt sie in der Unendlichkeit ALLE.
ALLE, aller Rassen und Klassen!

Gott besitzt unendlich viele Leben innerhalb aller Ideologien. Daher würde ihm eine vorübergehende, sittlich bestimmte Ideologie in festen Begriffen denkende Politik der Einehe nichts ausmachen, zum Beispiel.

13

Er hat auch immer die Möglichkeit, untreu zu sein. Ist keinem, außer sich selbst, Rechenschaft schuldig und bleibt immer unentdeckt. Ob also Einehe, Treue, Harem oder Mehrehe, aufgeklärte Liebe oder nicht, emanzipiert oder nicht emanzipiert. Für Gott ist alles interessant. Dies ergibt viel Abwechslung innerhalb eines unendlichen Lebens. So gibt es viel zu lachen und zu erleben, und Gott würde sagen, greif nur hinein ins volle Menschenleben und wo du hin fasst, da ist es interessant. (In einem Paradies wäre immer das Gleiche anzutreffen, ohne wahrliche Kinderfreuden.)

Immer das Gleiche von aufgeklärten Menschen in einem Paradies ohne das Böse hat Gott nicht gewollt!

Daher erschuf Gott die Hölle, in der wir sterbliche Menschen wohnen müssen. Für sterbliche Menschen ist es hier und für Leben schlechthin eher ein Unglück als ein Glück, dass Lebendiges existiert.

„Es ist eher ein Unglück als ein Glück, dass wir leben!"

Um sich aus dem Netz schwärmerischer Menschen zu reißen, die ohne Beachtung der Wirklichkeit in festen ideologischen Begriffen denken und dadurch eine wirklichkeitsfremde Vorstellung von der Welt und deren Menschen besitzen, ebenfalls zu befreien, um den wahren Sinn des Lebens und der Welt und deren Menschen in ihren allumfassenden Handlungen zu begreifen und zu durchschauen, benötigt der Mensch oder unsere gesamte Menschheit dieses Buch, welches da heißt:

Die Hölle, in der wir leben!

*Als im Mittelalter der bekannte Astronom
Galileo Galilei die Behauptung aufstellte,
die Erde sei rund und würde sich
um ihre eigene Achse drehen, und sie sei
nicht der Mittelpunkt der Welt, musste dieser
eine solche Behauptung widerrufen.
Sonst hätte ihn die damalige so mächtige
katholische, römische Kirche, die ihm den
Prozess machte, auf dem Scheiterhaufen
verbrannt wegen der Ketzerei.
Ganz klar, die Macht der Kirche, deren Lehre, nach
der die Erde eine Scheibe sein sollte, und
deren Weltbild, standen im Widerspruch zu den
Lehren Galileo Galileis.*

Ganz klar, so wäre es mir ergangen, hätte ich damals ein derartiges Gedankengut in die Welt posaunt. Hier geht es aber nicht um astronomische Tatsachen, sondern um reine Philosophie über den Sinn der Welt und des Lebens. Jedoch könnte das eine oder das andere auch der Wahrheit entsprechen. Im Mittelalter wäre ich ohnehin nicht auf derartige Ideen gekommen. Da mir die nötige Bildung gefehlt hätte.

Ganz einfach: Hätte Gott nur ausschließlich das Gute gewollt, wenn es in diesem Sinne überhaupt einen Gott-Schöpfer gäbe, so würden wir Menschen bereits zu Anbeginn im Paradies leben, ohne Hölle und Fegefeuer. Ohne Krieg, ohne jeglichen Kummer, Krankheit und Tod usw. Dies müsste auch für die gesamte Tierwelt Geltung haben. Sofern man auf eine Tierwelt nicht verzichten wollte.
Die Ernährung für Tier und Mensch wäre rein vegetarisch.
Selbst wenn eine solche Erde (Planet) noch so groß sein könnte, eine Überbevölkerung gibt es hier nicht. Irgendwann gäbe es dann keinen niedlichen Nachwuchs mehr. Welch ein Verlust für Gott. **Jedoch für Menschen und Tiere unserer Welt wäre es dennoch besser, als sterben zu müssen.**

15

Wenn es hier unterschiedliche Rassen beim Menschen gäbe, so dann nur im Sinne des Wahren, Schönen, Guten.
Auch hier gäbe es milliardenfach unterschiedliche Menschen, jedoch einer so schön wie der andere und doch anders. Aber auf unserer Erde hat Gott zum Beispiel das Böse gewollt.

Um Abenteuer erleben zu können!

Dementsprechend wäre das Aussehen der Menschen, von Rasse zu Rasse, bis hin zu allen Naturvölkern unserer Erde.

Das Böse hat ein Gesicht!

Manche Menschen haben hier ein Aussehen wie das personifizierte Verbrechen. Die Natur kocht hier auch nur mit Wasser, wenn man einmal Gott als Schöpfer außer Acht ließe. Milliarden und Abermilliarden Planeten mag es geben im womöglich unendlichen Kosmos, die mit Leben erfüllt sind, ähnlich wie auf unserer Erde. Milliardenfach verschiedene Menschheiten mag es geben von Planet zu Planet bei dem **Lotterie-Spiel Leben**.

Alles mag es hier geben, wo Menschheiten das Wort Krieg gar nicht kennen, weil es hier nur friedliche Menschen waren. Seit dem Tier-Mensch-Übergangsfeld, das eine zukünftige Menschheit hervorbrachte. Alles mag es geben, zwischen glücklicher und erschreckender Missgeburt!
Unsere Erde läge etwa dazwischen mit ihrer Menschheitsgeschichte (Durchschnitt zwischen Gut und Böse).

Wenn also Gott von Anbeginn das Paradies gewollt hätte und der Kosmos unbegrenzt wäre, könnte es zwar theoretisch immer einen niedlichen Nachwuchs geben. Doch dies wäre unsinnig, selbst für Gott unübersichtlich und irgendwann würden sich die Menschen im Aussehen nur noch wiederholen. **In der Unendlichkeit!**

16

Dies trifft ebenso für sämtliche Menschheiten im gesamten Kosmos zu, wenn die Natur der Schöpfer des Lebens wäre. Und es nichts Übernatürliches gäbe, wie Gott zum Beispiel, der als Schöpfer allen SEINS in Frage käme. Ob nun hier Menschheiten die Unsterblichkeit erlangt hätten oder nicht, unendliche Kinderfreuden kann es nur geben, wenn der Kosmos unendlich wäre oder wo Menschen sterben müssen.

Unsere Menschheit befindet sich bereits an der Schwelle, sich das ewige Leben zu verschaffen. Die moderne Naturwissenschaft hat die Zeiger unserer Lebensuhr entdeckt. Schon in nächster Zeit wollen sie die Zeiger anhalten. Das Ziel ist, den Prozess der Alterung insgesamt zu stoppen. Gelingt es ihnen, beginnt das ewige Leben (Lebensuhr, die das Altern und Teilen der Zellen bewirkt).
Für alles benötigt man auch die dazugehörende Technologie.
Bis zum Jahr 2050 etwa besäße der Mensch alle nötigen Kenntnisse, um unsterblich zu sein. Es steht heute schon fest, dass man derart einen Menschen immer am Leben erhalten könnte. Eine Welt des Friedens, des Wohlstandes, der Harmonie könnte entstehen?
Die Welt und das Leben hätten dann einen höheren Sinn bekommen.
Und nicht mehr allein würde der Sinn des Lebens die Arterhaltung und deren Vermehrung sein.

Macht der Mensch sich so selbst zu Gott?

Wenn der Mensch die Ewigkeit erobert, wird er zum Herrn des Lebens und der Zukunft. Gibt es jedoch Gott meiner Philosophie (Allseele), wäre der höhere Sinn des Lebens und der Welt GOTT.
Wo Materie herkam oder wie sie entstand, bliebe wohl dann ein Geheimnis. Aus dem NICHTS kann keine Materie entstanden sein.
Wenn nun Materie existiert und ein Planet mit Leben, warum sollte dann Gott nicht existieren?

17

Weshalb Gott existiert oder wie er gar entstanden sein könnte, wäre ebenfalls ein Geheimnis.

Gibt es Gott meiner Philosophie, wird es für immer ein Geheimnis bleiben. Man hat geschätzt, dass es Milliarden erdähnlicher Planeten geben könnte. Bezüglich der Möglichkeit, woanders menschenähnliche Wesen anzutreffen, sollte man jedoch sehr zurückhaltend sein.

Selbst wenn der Mensch die Unsterblichkeit, in der Erhaltung des Fleisches, erreicht, lauern doch noch viele Gefahren, die Menschheit insgesamt auszulöschen.
Auch wenn alle Krankheiten besiegt wären und man jeden Menschen nach einem Unfall wieder zusammenflicken könnte (Gliedmaßen klonen, Augen und Gehirn im Reagenzglas nachwachsen lassen könnte usw.), aus dem Weltall drohen viele Gefahren.

EIN BEISPIEL:

Im Jahre 2030 etwa soll ein Asteroid die Erde bedrohen. Könnte man die Gefahr nicht bannen, wäre eine Apokalypse möglich. Der gigantische Gesteinsbrocken soll 1,6 km Durchmesser haben. Ein Aufprall auf dem Lande wäre schlimmer als im Meer. Der Aufprall im Meer würde eine Flutwelle auslösen (100 m hoch), die alle Küstenstädte überschwemmen würde. Auf dem Lande hätte der Aufprall eine Sprengkraft von 2 Millionen Hiroshima-Atombomben. Durch den Eintritt in die Atmosphäre würden außerdem riesige, glühende Brocken abbrechen, die die Erde wie Feuerbälle bombardieren würden. Ruß würde den Himmel verdunkeln, eine glühende Hitze, weltweite Brände und eine Druckwelle würden alles umwerfen. Vor 65 Millionen Jahren soll ebenfalls ein Komet mit einem Durchmesser von 9,6 km auf der Halbinsel Yucatán im Golf von Mexiko aufgeprallt sein. Es gab einen Klimawechsel, ¾ aller Tierarten, z. B. die Dinosaurier, sollen ausgestorben sein durch diese Tatsache.

*Die Gefahr könnte gebannt werden, von einem Raumschiff aus könnte man eine Atombombe über der Asteroidenoberfläche zünden. Er würde vorbeidriften, wenn nicht, wird **das Reich des Todes aus der Hölle emporsteigen** und den Erdball entseelen (schrieb der berühmte Seher und Prophet Nostradamus, 1503 bis 1566, in seinen Weissagungen über die Zeit nach dem Jahre 2020. Auch der Prophet Johannes sagte ca. 100 Jahre nach Christus voraus, dass um 2020 Feuer vom Himmel fallen wird. Die amerikanischen Hopi-Indianer erwarten exakt für diesen Zeitraum den Weltuntergang durch einen glänzenden Stern.*

19

ES GIBT VIELE VISIONEN. BETRIFFT: WELTUNTERGANG!

Selbst hier bei uns auf Erden gibt es viele Gefahren, die das Weiterleben unserer gesamten Menschheit in Frage stellen könnten. Bevor die Menschheit überhaupt in der Lage wäre, sich in den Weltraum zu begeben.

Gott meiner Vision könnte ganze Universen in sich zusammenfallen lassen.

Eine unsterbliche Seele wäre hier sterblich, wäre sie von Menschenhand erschaffen.

20

Atombombenexplosion

Wird unsere Menschheit zum Selbstmörder
durch einen nuklearen, Dritten Weltkrieg?
Alle schlechten Dinge sind drei?
Wird unsre Menschheit zum Selbstmörder

DURCH DIE ATOMBOMBE

?

In der **SIMPLICISSIMUS**-Zeitschrift aus dem Jahrgang 1956, Nummer 20 wird eine Atombombe dargestellt, die sich verneigt vor all den Mächtigen dieser Welt, die versammelt und sitzend an einem großen Tisch dargestellt sind.

Das Veto der Bombe
Sie sagt: Es wird hier dauernd vom Frieden gesprochen, meine Herrn.
Der Friede bin ich!!!

Wenn man nun das Beste für unsere Menschheit voraussetzt, wird sie ewig bestehen. Und sie wird sich das Universum erobern. Die Zukunft, wo möglicherweise alles möglich ist, hat bereits begonnen. Der Mensch würde so dann selbst zum Schöpfer. Nur andeutungsweise könnten Gentechnologen der Zukunft die schönsten Kinder im Sinne des Wahren, Schönen, Guten wie aus dem Katalog im Reagenzglas zeugen, oder klonen. Genetische Ingenieure könnten eben Kinder 100 % gesund, klüger und so weiter ins Leben bringen. Jeder Mensch könnte hier nach Wunsch ein Mädchen oder einen Jungen oder beides haben. Da könnte künstliche Befruchtung oder Klonen der Weg der Zukunft sein. So könnte man auch zum Beispiel Augen oder sonstige Dinge im Reagenzglas nachwachsen lassen und so weiter und so fort und wer weiß, wozu der zukünftige Mensch noch im Stande wäre, ganz zu schweigen. Doch eines noch andeutungsweise, eine mikroskopisch kleinste Computerzelle, noch kleiner als eine Zelle, die man jedem Menschen einpflanzen könnte. Die wiederum das Gehirn eines Menschen kopiert (Erinnerungsvermögen) und alles weitere Erlebnis speichert. Auf diese Weise wäre ein Mensch unsterblich. Da diese Zelle weder verbrennen noch sonst zu Schaden kommen könnte. Man würde diese Zelle immer finden, egal ob ein Mensch verbrannte oder sonst wie zum Ableben kam. Durch diese Zelle könnte man denselben Menschen neu klonen. (Alle Daten wären in einer derartigen Zelle gespeichert.) Heute klingt so etwas unglaubwürdig, möglicherweise könnte eine derartige Zelle sogar sich selbst zu einem neuen Menschen klonen. Sich selbst zu einem rettenden Ufer bringen. Um auf diese Weise wieder ein neuer Mensch zu werden. Dies könnte möglicherweise eine Art unsterbliche Seele sein, um auf diese Art und Weise unsterblich zu sein.

Doch selbst wenn der zukünftige Mensch künstlich und nicht mehr auf die natürliche Weise im Mutterleib zur Welt käme, würde man sicherlich deswegen auf Sex nicht verzichten. Denn Sex macht viel zu viel Spaß, als dass man gar auf Sex verzichten wollte.

Nur Gott oder die Natur wäre hier der Erfinder
der schönsten Sache der Welt.

23

Gott-Allseele (der Gott meiner Philosophie) hat ja mit männlich oder weiblich in erster Linie nichts zu tun. Diese Allseele wäre ja etwas Übernatürliches, jenseits unserer Materie im unsterblichen Sinn Materie-Seele. Jenseits unserer Vorstellung von Zeit und Raum. Jenseits unserer Vorstellungskraft von Sein oder Nichtsein. Es ist meine persönliche Philosophie, wenn ich davon ausgehe, dass es nur eine Allseele gibt (mehrere davon, im weiblichen oder männlichen Sinn, wäre auszuschließen und unrealistisch). So gibt es auch keine mehrere Allseelen, schon gar nicht unendlich viele davon?

So würden sich derartige, angenommene Seelen (Allseele) sicherlich nicht etwa wie Blattläuse oder Löwenzahn geschlechtslos vermehren. Geht man jedoch weiter davon aus, dass es nur eine Allseele-Gott gibt, der als Schöpfer des Universums und allen Lebens in Frage käme, dann würde ich sagen, gibt sich Gott männlich und macht sich das Weib untertan hienieden auf unserer Erde oder woanders auf Planeten im womöglich unendlichen Universum. GOTT WÄRE IMMER MANN und NIEMALS FRAU.

Wenn also Gott der Schöpfer allen SEINS wäre und er hätte also dann nur das Gute gewollt, würden wir auf jenem Planeten PARADIES leben. Ohne das Böse, ohne Hölle und Fegefeuer. Hier entstanden Leben, Lebensarten zu Anfang wie das Küken aus dem Ei. Hier war also das Ei vor der Henne. Die Menschheit vermehrte sich also zum Beispiel von Adam und Eva ausgehend. Je nachdem wie Gott sich die Welt gestalten möchte, gibt es dementsprechend einen Artenreichtum. So könnte es auch mehrere Menschenrassen geben.
Ausgehend von Adam und Eva, zum Beispiel. Im Erbgut wäre festgelegt, dass überall nur schönste, im wahren Guten, wie aus dem Katalog perfekte einzelne verschiedene Menschenrassen entstehen. Im Reagenzglas würde er wohl solches kaum vollziehen oder das Leben in seiner Vielzahl klonen.

Wie würde sich also Gott die Welt gestalten?
Wenn er nur das Gute (einen Planeten Paradies gewollt hätte.)

Zuerst müsste ein erdähnlicher Planet entstehen mit wunderschönen Landschaftsbildern. Vielleicht viel größer als unsere Erde und mit einer größeren Sonne, um die sich der Planet Paradies drehte. Ausgenommen Pflanzen, Bäume usw., die ohnehin keinen Schmerz empfinden, wäre hier das Leben seit Beginn seiner Geburt unsterblich und immer gesund. Unfälle gibt es hier nicht und wenn, würde alles von selbst nachwachsen oder sich von selbst natürlich regenerieren. Für Gott wäre solches sicher nicht schwer in die Wirklichkeit umzusetzen. Was wäre das Leben ohne Sex, selbst im Paradies? Sex wäre im Paradies Trumpf.

Hier erreichen Mensch und Tier nur bis zu einer Grenze ein Alter im Aussehen, dann schrumpfen sie wieder zurück bis zu dem Alter etwa wie bei uns Kleinkinder im 3. Lebensjahr. Diese wären aber sozusagen erwachsen. Versteht sich. Dies wäre der ewige Kreislauf in einem Paradies, wo Menschen immer wieder alt und wieder Kinder werden. Sonst hätte ja Gott gar keine Kinder im Paradies. In der Unsterblichkeit sieht jeder Mensch einmal so aus wie jeder andere auch, in den verschiedenen Größen und Figuren usw. Dies wäre von Gott so gewollt, im Sinne der Gleichberechtigung. Für Gott, den Meister aller Meister, ist alles möglich. So gäbe es in diesem Sinne alle Altersstufen wie bei uns.

Selbst wenn die Welt unendlich wäre, hätte Gott nach meiner Meinung nur einen Planeten und nur eine Mensch- und Tierwelt. Wenn er das Böse ausschließen wollte! Sicher, wenn ein Planet dem Untergang geweiht wäre, wenn sich Derartiges nicht anders bewerkstelligen ließe, wie etwa bei unserer Erde. So würde woanders im Universum inzwischen ein neuer Planet PARADIES entstanden sein. So könnten auch unzählige Planeten existieren, ähnlich wie unser Planetensystem zum Vergnügen einer solchen Menschheit jenseits allem Bösen. Planeten mit den unterschiedlichsten, traumhaften Naturlandschaften und Pflanzenwelt. Milliarden- und abermilliardenfach im womöglich unendlichen Universum. Planeten mit Staubringen und 12 Monden und mehr.

25

Der Fantasie wären hier kaum Grenzen gesetzt. Wäre hier also einmal der Planet Paradies unbewohnbar geworden, müsste sich die Menschheit in den Weltraum begeben. Wie in einer Arche Noah müsste man mit Raumschiffen auch die gesamte Tierwelt zu einem neuen Planeten Paradies bringen. Welch ein friedliches Abenteuer!

Denn Gott hat auch hier den Fortschritt gewollt. Dass Gott etwa die gesamte Menschheit und Schöpfung durch Zauberkräfte erschuf und gegebenenfalls auf andere Planeten zaubern könnte, ist unwahrscheinlich. Noch unwahrscheinlicher, als nehme man an, es existiere der Gott meiner Philosophie.

Wie Gott Materie erschaffen hätte, damit ein Universum entsteht, und Planeten mit oder ohne Leben, liegt außerhalb unserer Vorstellungskraft. Ebenso geht man davon aus, dass es von Natur aus nichts Übernatürliches gibt. Wie Allseele Gott oder sonstige Seelen und sonstige übernatürliche Kräfte und so weiter und so fort. Alles ist eben unvorstellbar. So oder so.
Hätte Gott somit das Universum und die Welt erschaffen (Planet Paradies), wäre der weitere Schritt folgendermaßen zu verstehen. Wie der Gärtner würde Gott mit den verschiedensten Samenkörnern alles pflanzliche Leben ins Leben rufen. Dann später würde Gott alle gewünschten Tierarten auf die genannte Art und Weise ins Leben rufen. Nun alsdann auch die gewünschte Menschheit. Wohl ausgehend von Anbeginn eines einzigen Menschenpaares, Adam und Eva.

Im Erbgut, Genen, DNS, um nur anzudeuten, wäre gewährleistet, dass hier eine Menschheit, womöglich milliardenfach nur Schönste, Friedlichste, Beste, Perfekte, im Wahren, Schönen, Guten, entstehen. Verschiedenste Menschen, Rassen, Typen wären nur so zu verstehen, dass manche Menschen ins Spanische, Italienische usw. neigen würden. Alles nur im märchenhaften, wunderschönen, paradiesischen Sinn. Märchenhafte, wunderschöne Augen und Lippen, voran beim Weibe. So würden zeitweise auch alle Menschen eine schwarze

Hautfarbe wie ebenso wiederum eine wunderschöne weiße Hautfarbe durchleben.

Der Fantasie im märchenhaft Schönen wären hier kaum Grenzen gesetzt. Natürlich gäbe es in solch einer Welt keine Naturkatastrophen oder Gefahren, weder im Universum noch auf dem Planeten Paradies.

Wo Gott (Allseele) zu Hause wäre, womöglich jenseits der Unendlichkeit und der Materie, die wir kennen, bleibt dahingestellt. Und läge außerhalb unserer Vorstellungskraft.

Wo aber wäre Gott zu finden und zu Hause auf diesem Planeten Paradies jenseits allem Bösen und aller Gefahren? Innerhalb Adams von Anbeginn, als dieser wie das Küken aus dem Ei sodann im Grase lag, etwa wie bei uns in der Größe eines 3-jährigen Jungen. Mit seiner Seele übernahm er diesen Körper. Als würden wir zum Beispiel in ein Auto steigen, um es zu übernehmen.

Viele Menschen von uns glauben, sie hätten eine Seele, die nach dem Tod weiterleben würde. Entweder innerhalb ihres religiösen Glaubens oder eigener Anschauungen usw.

Weshalb sollte dann Gott-Allseele Derartiges nicht gelingen. Alsdann, möglicherweise ein paar Stunden später, würde Eva, etwas kleiner, neben Gott-Adam existieren und ihm zur Seite stehen. Was wäre hier für Gott das Leben ohne Sex? Oder er wollte für sich alleine existieren, womöglich nur im seligen Sinne.

Alles Weitere könnte man sich unschwer vorstellen. Bereits hier beginnt für Adam und Eva die schönste Sache der Welt. Ausgehend von Adam-Gott und Eva entwickelt sich diese Menschheit im genannten Sinne. Je nachdem, wie viele Menschen Gott für das Richtige hielt. Eva wäre seit dem 3.Lebensjahr als erwachsen und allwissend zu betrachten. Ebenso alle weiteren Generationen oder Menschen. Dies wäre im Erbgut (Genen) so von Gott gewollt. Bis Menschen das 4.Lebensjahr erreichen, dauert dies etwa 20 Jahre nach unserer Zeitrechnung, je nach Belieben Gottes. So könnte Gott jedes Alter ausgiebig genießen.

Weiß doch der Gärtner, wann das Bäumchen grünt, dass Blüt und Frucht die künftigen Jahre zieren (aus Goethes Faust).

Bei dieser Menschheit wäre Gott der einzige Mensch mit einer unsterblichen Seele. Hier würden wahrlich Milch und Honig fließen, wenn auch nur, wie bei uns auf Erden, von Tieren. Riesige Mammutbäume und Singvögel und Landschaften, märchenhaft schön, wie im Traum. Kurz und gut, eben der Garten Eden, das Paradies. Landschaften mit Schnee und Eis bedeckt. Vulkane und so weiter und so fort, alles ähnlich wie bei unserer Erde, wo es auch Inseln und Kontinente gibt, wo immer Sommer wäre. Alles eben nur märchenhaft schöner wie auf unserer Erde.
Gott würde hier nicht wie ein König vom Throne aus regieren. Nein, hier wär er ein Mensch unter Menschen, wie du und ich. Hier wäre die klassenlose Gesellschaft. Gott hätte dafür gesorgt von Anbeginn, dass es so wäre! Alle Menschen besitzen das gleiche Maß an Wissen und Können. Hier gibt es auch Straßen, Autobahnen, Autos, Segelschiffe, Raumschiffe, die sich bis weit in das Weltall begeben könnten. Alles gäbe es ähnlich wie bei uns, von den Anfängen unserer Kultur bis hin, wo sich vielleicht auch unsere Menschheit mit Raumschiffen in den Weltraum begibt und unsterblich wird.
Dies würde Gott meiner Philosophie auch zulassen, da er jeder Menschheit mit seiner Allseele überlegen wäre. Nur aus dieser Sicht wäre Gott von allen Menschen zu unterscheiden. So eben auch bei einer Menschheit, wenn er nur das Wahre, Schöne und Gute gewollt hätte, von Anbeginn ausgehend von Adam und Eva auf unserem Planeten Paradies.
Der Charakter des Wahren, Schönen, Guten und deren Psyche ist immer gleich. Doch dann, wo der Schrecken beginnt, beginnt fast die Unendlichkeit der einzelnen, verschiedenen Charaktere des Schreckens, bis zum äußerst nur erdenklichen Schwerstverbrechen.
Auf unserem Planeten Paradies, nehme man nur die Worte in der Bibel wortwörtlich, gäbe es sicherlich keinen Baum, von welchem kein Mensch dessen Früchte essen dürfte.

28

Hier gäbe es keinen Sündenfall, wo Gott dann später seinen Sohn schicken würde, um die Menschheit zu erlösen. So etwas kann es nicht geben. Da Adam Gott selbst war.

Ganz einfach! Auf dem Planeten Paradies wäre die Gleichberechtigung zwischen Frau und Mann eine Selbstverständlichkeit. So gäbe es hier keine Olympischen Spiele oder gar Kampfsport jeglicher Art usw. Möglicherweise würde man zum Spaß und Zeitvertreib Skifahren, Fußball, Tennis, Schlittschuh laufen oder was auch immer man in dieser Hinsicht treiben würde in diesem Sinne. Schlachthöfe gäbe es ebenfalls nicht, da Mensch und Tier Vegetarier sind und ansonsten ja alles jenseits des Bösen wäre. Was wäre das Leben auch ohne ein gutes Essen? Oder Getränk? Da gäbe es sicher Möglichkeiten (Pflanzen, Bäume), Schweinshaxe und Schnitzel usw. auf vegetarischen Wegen herzustellen.
Hier im Paradies Gottes wäre mit Sicherheit alles noch schmackhafter, besser und reichhaltiger. Und es gäbe alles, welches es bei uns auch gibt, und noch viel mehr. Wie da der Koran, die Bibel des Islams, lehrt, ein Paradies, wo Milch und Honig fließen, und die Wohnungen seien aus purem Gold und jeder Mann habe viele schöne Weiber.
Ganz klar: Treue zweier Partner gäbe es hier nicht, wie etwa auf unserer Erde. Hier ginge also die Vermehrung der Menschheit von Gott-Adam und Eva aus. Einen Sündenfall könnte es hier also gar nicht geben.
Dieser Planet Paradies wäre etwa 4-mal so groß wie unsere Erde und dementsprechend größer wäre die Sonne. Sicher hätte dieser nur einen Mond, dementsprechend größer, der gegebenenfalls des Nachts leuchten würde, märchenhaft manchmal in allen Farbschattierungen. So würde er sicherlich auch, ähnlich wie bei uns, manchmal in noch märchenhafterem, rötlichem Ton am Horizont erscheinen.
Wunderschöne Nordlichter gäbe es und der Sternenhimmel würde um ein Vielfaches märchenhafter glänzen wie bei uns.
Sternschnuppen gäbe es reichlich zu beobachten, bei klaren Nächten traumhaft schön. Alles nach Belieben Gottes.

29

Und der Fantasie wären kaum Grenzen gesetzt.

Dieser Planet würde zu Recht den Namen Paradies verdienen. Und jeder Mensch könnte sich Derartiges vorstellen. Hier hätte Gott ja unendlich viel Zeit gehabt, bis eine Menschheit, in Milliardenhöhe etwa, entstanden wäre. Nun gibt es keine Fortpflanzung mehr, im herkömmlichen Sinn, da nun der Endstand, je nach dem Wunsch Gottes, erreicht wäre. Mann und Frau wären fortan unfruchtbar. Alle Menschen wären Gottes Kinder (dies sind wir ohnehin alle, wenn es Gott meiner Philosophie gibt).

Diesen Planet Paradies, wie angedeutet, hat Gott nicht gewollt, sonst würden wir bereits darin wohnen und würden nicht schmecken Hölle und Fegefeuer, noch Tod.

Aber zurück auf unseren Planeten Paradies: Hier gäbe es also keine Überbevölkerung, wie etwa bei uns. Wenn solches bei uns so weiterginge, wird dies in einer Katastrophe enden. Von den zahlreichen Umweltsünden und dem Raubbau der Natur ganz zu schweigen. Eines Tages könnte dies den stummen Frühling heraufbeschwören. Und die Urwälder am Amazonas und anderswo würden verstummen.

Einige Beispiele:
Möglicherweise ist Mexiko-Stadt zurzeit die größte Stadt der Welt. Flächenmäßig sogar größer als die Schweiz. Im Jahre 2015 etwa soll sich Mexiko-Stadt von 26 Mio. auf 45 Mio. fast verdoppeln. SãoPaulo (Südamerika) wächst so schnell, dass man mit der Registrierung der Einwohnerzahl nicht nachkommt. 40 0000 Menschen pro Jahr wächst der Moloch etwa der größten Stadt Brasiliens. Wer sich es leisten kann, fliegt mit Hubschraubern zur Arbeit aus Angst vor Überfällen. Es gibt hier 6000 Morde pro Jahr.

BOMBAY ist die ärmste Stadt der Welt, soll aber in Zukunft die größte Stadt der Welt werden. Über 50 Mio. werden es wohl einmal werden. Millionen leben in Slums. Viele betteln auf der Straße. Demgegenüber hat Bombay mehr Milliardäre als New York, die reichste Stadt der Welt. In New York und Mexiko-Stadt gehen die Wasserreserven gegen null. New York hätte immerhin zum Jahre 2015 etwa über 30 Mio. Einwohner. In Bombay können sich über 6 Mio. Menschen Bahn oder Bus finanziell gar nicht leisten. Und in Tokio ist die U-Bahn-Kapazität mit über 6 Mio. Fahrgästen täglich überlastet und so weiter und so fort.

30

Von anderen haarsträubenden Dingen ganz zu schweigen.

Autostaus von 600 km Länge und mehr.
Und auf unserer kleinen Erde wird es wohl bald über 20 Milliarden
Menschen geben und noch mehr. Nur Bakterien und Insekten können
hier noch mit Schritt halten in der Einwohnerzahl. Auf unserem
Planeten Paradies, wenn Gott ausschließlich nur das Gute gewollt
hätte, gäbe es natürlich keine Börsen oder Geldwirtschaft, noch
Wohnungsnot, Armut, Kriminalität oder Wassernot. Dies versteht
sich ja von selbst und so weiter und so sofort und noch vieles mehr.

Hier auf dem Planeten Paradies würde man ja alles wie unter besten
Freunden regeln. Man würde keine Imperien errichten noch
Kathedralen, denn Gott würde sich ja auf dem Planeten Paradies
nicht anbeten lassen und so weiter und so fort, dies versteht sich
ebenfalls von selbst und noch vieles mehr. Die Freizeit, das
Vergnügen hätten ja einen ungeheuerlichen Vorsprung gegenüber der
eigentlichen Arbeit. Diese Menschheit würde sich ja viel langsamer
vermehrt haben wie bei uns etwa. Bis hier zum Beispiel ein Mensch
das Aussehen eines Achtzigjährigen hätte, ähnlich wie bei uns auf
Erden, würden etwa 2000 Jahre vergehen oder mehr, je nach
Belieben Gottes.
Wenn diese Menschen im Paradies ein solches Alter erreichen, sehen
sie nicht unappetitlich aus etwa, nein, nur eben alt mit weißen
Haaren, aber deswegen umso interessanter. Besonders bei der Frau
bleiben Zähne und Mund bestens erhalten, als hätte hier das Altern
nicht stattgefunden. Natürlich ebenso beim Manne. Neugeborene
erreichen allerdings das Aussehen eines 3-jährigen Kindes ebenso
schnell wie bei uns auf Erden. Erst dann verlangsamt sich die
Lebensuhr, Altern und Wachstum. Ein neugeborener Mensch ist erst
im 3. Lebensjahr erwachsen und allwissend. Dies wäre auch der Fall
wenn er durch alle Altersstufen wieder zurück schrumpfen würde, zu
einem 3 jährigen Menschen.
Inzucht würde hier natürlich keine Rolle spielen. Derartiges gibt es
nur auf Welten im Bereich des Bösen!

Die Schöpfung Gottes, Vermehrung, geht darauf hinaus, dass es immer gleich viele männliche wie weibliche Nachkommen gibt. Mann und Frau würden sich also hier problemlos finden.

**So stelle ich mir ein Paradies vor,
wenn Gott das Böse nicht gewollt hätte,
um auch zu zeigen, das dies für Gott nicht das wahre Leben wäre.**

Hier gibt es also keine Treue oder Trauschein und jeder hätte hier nur einen Vornamen. Bis hier etwa Menschen die Geschlechtsreife erlangt hätten und das Alter von 20 Jahren erreicht hätten und somit erwachsen wären in diesem Sinne, würde etwa ein Zeitraum von 1000 Jahren und mehr vergehen. Bis es etwa 2000 Menschenpaare gibt, vergeht schätzungsweise ein Zeitraum von 100 000 Jahren, je nach Belieben Gottes. In dieser Zeit gäbe es also Kinder jeden Altersunterschieds. Ebenso zwischen erwachsen und alt werden. Ähnlich wie bei uns auf Erden.

In diesem Sinne ginge die Vermehrung weiter bis zum Endstand einer Einwohnerzahl-Menschheit von schätzungsweise 1 Milliarde. Gott wüsste am besten darüber Bescheid, wie lange ein solcher Prozess dauern müsste und wie hoch deren Endeinwohnerzahlstand sein müsste. Man muss sich natürlich vorstellen, dass hier die Kultur von Anbeginn im Sinne der Allwissenheit Gottes vorangetrieben wurde. Alles gäbe es auf dem Planeten Paradies von Anbeginn, wozu unsere Menschheit, bis zum überhaupt Möglichen, womöglich noch Milliarden Jahre benötigt.

Natürlich gäbe es keine Städte. Je nachdem wo Menschen ein Segelschiff (Kogge), Flugzeug, Raumschiff oder Auto herstellen würden, andeutungsweise, gäbe es Schlösser oder Dörfer. Den eigentlichen Arbeitsplatz, welcher es auch sei, würde man mit dem Auto, Fahrrad, Pferd oder mit sechsspännigen Pferdekutschen erreichen. Viele tausende Jahre, bevor überhaupt eine Menschheit in diesem Sinne ihren Endstand in Milliardenhöhe oder noch nicht einmal 1 Mio. Menschen erreicht hätte, lebten Gott-Adam und Eva und deren Nachkommen mit nur etwa 20 Menschenpaaren an ein und demselben Ort.

Hier gab es bereits zu Anfang sozusagen alle nur erdenklichen Kulturgüter des überhaupt Möglichen oder Machbaren. Bis zu Raumschiffen, mit denen man an die Grenzen des von Gott erdachten existierenden Universums gelangen könnte. Gott-Adam selbst wäre hier mit der Meister von Anbeginn gewesen. Windmühlen, Wassermühlen, märchenhaft romantisch, in denen das Korn gemahlen wird. In deren Räumen werden auch sämtliche Teigwaren hergestellt. Innerhalb dieser Dörfer gibt es auch Bauernhöfe, da man auch Land bewirtschaftet. Schmiede und so weiter, alles märchenhaft, traumhaft schön. Als diese Menschheit, ausgehend von Adam-Gott und Eva zu Anfang nur 20 Menschenpaare erreicht hätte, wäre dementsprechend die Größe eines Dorfes zu denken.
Hier würden bereits schon mehrere Schlösser existieren mit wunderschönen Gärten. Eines so märchenhaft schön wie das andere. In diesem Sinne wäre die Vermehrung aller Dinge zu sehen.
Das Schloss wäre der Wohnsitz, die Dörfer der Arbeitsplatz für die Herstellung aller Dinge.

Selbst Gott mit Eva errichtete mehrere oder ein Schloss und hätten sicher in diesem Sinne ein romantisches Dorf. Sicher nahe gelegen an einem idyllischen Fluss, auf dem man ins Meer hinaus segeln könnte. Werftanlagen, wo Adam und Eva ganz alleine die schönsten Segler und Koggen usw. hergestellt hätten, zum Beispiel. Malerei, Bilder, Teppiche, Kutschen usw. und deren Zweckgebäude, alles dies und noch mehr würde eben ein solches Dorf ausmachen, wo je nachdem alle Dinge hergestellt werden.
Selbst Gott, der Meister aller Dinge, hätte mit Eva alleine bereits alles vollbracht und vorgegeben, bevor sozusagen ein neuer Mensch das Licht der Welt erblickt hätte.
Selbst ein einziges Raumschiff, mit dem man ins Universum fliegen könnte, würde zumindest existieren. Straßen wären bereits angelegt, die zu wunderschönen Landschaften führen würden. Gott selbst mit Eva hätte sie bereits benutzt mit sechsspännigen oder achtspännigen Pferdekutschen und wunderschönen Automobilen. Unsere Autoindustrie würde vor Neid erblassen. Es gäbe zumindest einen

großen Raum im Schloss, in dem speziell auf einer Wand Spielfilme, Dokumentationsfilme oder Aufklärungsfilme gezeigt werden könnten. Mit speziellen Computern könnte man sogar Spielfilme produzieren mit echt aussehenden Menschen. Oder Zeichentrickfilme jeglicher Art. Damit könnte man sich die Zeit vertreiben oder Gott hätte mit derartigen Mitteln auch Eva aufgeklärt, wie besser es doch ist, wenn man in Frieden lebt, jenseits allem Bösen, ohne die Hölle und das Fegefeuer!

Musik gäbe es ebenfalls und Gott, der Meister aller Dinge, würde solche ebenfalls von speziellen Computern ausarbeiten lassen. Alles wäre so möglich, von der Symphonie bis hin zu allen Musikrichtungen. Also alles dies und noch viel mehr Ungeahntes gibt es, bevor Eva das erste Kind zur Welt bringen würde. In diesem Sinne würde nun die eigentliche Menschheit entstehen. Erst dann, wenn dieser Prozess abgeschlossen wäre, oder früher schrumpfen Menschen wieder zurück zu dem Alter, als sie etwa 3 Jahre alt waren. Um dann wieder erwachsen zu werden. So gibt es eben hier auch immer Kinder und alle Altersstufen im PARADIES, in diesem Sinne! Sonst hätte ja Gott irgendwann gar keine Kinder allerAltersstufen mehr im Paradies.

Selbst unsere Naturwissenschaft könnte einmal zu Derartigem in der Lage sein. Bereits heute wird schon daran gearbeitet, unter vielem anderen ebenfalls auch an der Konstruktion von Raumschiffen, mit denen man in relativ kurzer Zeit gewaltige Räume im Kosmos zurücklegen könnte. Mit sogenannten Sonnensegeln, einer ganz speziellen neuen Antriebskraft, soll dies möglicherweise bald möglich sein. Man begibt sich damit in die Nähe der Sonne, um die Segel mit Sonnenenergie aufzuladen, um dann mit gewaltiger Geschwindigkeit (schneller als das Licht) den Weltraum zu durchqueren z. B.

Durch ein sogenanntes Wurmloch könnte man nicht nur weit entfernte Galaxien erreichen (in relativ kurzer Zeit), nein, selbst unseren bisher erkannten Kosmos könnte man auf diese Weise durchqueren. Sonnen gibt es ja reichlich im Universum, um immer wieder neue Energie aufzuladen.

Doch zurück auf unseren Planeten Paradies, zu Gott Adam und Eva. Der Zurückschrumpfungsprozess wäre gleichermaßen dementsprechend ebenso bei der gesamten Tierwelt. Auch hier gäbe es durch alle Zeiten auch wieder niedliche kleine Kätzchen, Elefanten, Tiger, Vögel, Dinosaurier und Flugechsen usw. Seien manche Tierexemplare noch so groß und gewaltig, zu Wasser, auf dem Lande und in der Luft. Mit riesigen Flugechsen oder Vögeln aller Art fliegt hier der Mensch, so auch Gott oder Eva, durch die Lüfte zu seinem Vergnügen. Auf diesem Planeten Paradies gibt es natürlich keine Tornados, Hurrikans, Erdbeben oder gewaltige Stürme auf den Weltmeeren. Ebenso keine Unwetter aller Arten. Kurz und gut, man kann die Welt problemlos per Schiff oder auf andere Weise gefahrlos bereisen, aus reinem Vergnügen und Zeitvertreib.

Welch ein friedliches Abenteuer!

Alles, aber auch alles, gäbe es auf dem Planeten Paradies an Weltwundern, noch gewaltiger und größer, schöner und bewundernswerter als bei uns auf Erden. Mit der Tierwelt wäre man per du. Löwen und vieles mehr hätte man so auch als Haustiere. Man müsste kein Tier füttern oder unbedingt ausführen. Alle Tiere sind in dieser Hinsicht frei und können sich selbst in freier Natur ernähren. Sie säen und ernten nichts, doch der Himmel ernährt sie doch.
Ein jeder Mensch könnte sich eine derartige Menschheit gut vorstellen und ausmalen und würde sicherlich lieber in ihr leben als bei uns auf Erden. Wo es keine Krankheiten, Ärzte, Krankenhäuser, Strafvollzug, Polizei, Militär, keine Entbehrungen und keine Not noch Tod usw. gäbe.
Hier bei dieser Menschheit gibt es nicht einmal den geringsten Streit. Keine Umweltverschmutzung und jeder Mensch lebt innerhalb paradiesischer Ruhe. Nur auf Planeten wie auf unserer Erde liegen Himmel und Hölle dicht beieinander.
Auf jede Freude folgt auf Erden bei uns auch das Leid.

Und schnell und unbegreiflich schnelle dreht sich umher der Erde Pracht. Es wechselt Paradieseshelle, mit tiefer schauervoller Nacht.
(aus Goethes Faust, Prolog im Himmel)

Die glücklichen Menschen auf dem Planeten Paradies gleichen alle einander, doch die unglücklichen Menschen auf unserer Erde sind alle auf ihre Weise unglücklich.

Der Nutzen der Menschen auf dem Planeten Paradies wäre ja um ein Gewaltiges größer als der Schaden, wenn sie doch dadurch, weil sie im Paradiese leben, auf irgendwelche Vorzüge verzichten müssten, die es nun einmal nur auf Planeten gibt wie auf unserer Erden-Menschheit. Tabakgenuss gäbe es sicher auf dem Planeten Paradies, der jedoch unschädlich wäre und deswegen nicht schlechter wäre. Man isst gewisse Sorten von Äpfeln, welche besonders für die Mundhygiene geeignet sind. Man hätte hier immer blühend weiße Zähne und eine 100 % reine Mundhygiene. Man müsste nicht zum Zahnarzt und wäre immer rundum kerngesund. Kein Tier müsste ebenfalls leiden, dies versteht sich von selbst.

Lästige Parasiten, noch Stechfliegen würden hier Mensch und Tier lästig und so weiter und so fort. Um nur noch einiges zu nennen, selbstverständlich gäbe es auch wunderschöne Bekleidung, die sich jeder Mensch, Adam wie Eva, selbst anfertigt. Kosmetik und Schminke, Puder für die Damen, Nagellack, dies gäbe es alles auch. Sämtliche Haarfarben, von pechschwarz bis blond, hellweißes leuchtendes Haar, durchlebt jeder Mensch in der Unendlichkeit des Lebens. Exotisch märchenhafte Frauen gibt es hier, traumhaft **und unvorstellbar wunderschön**.

Der Sex und die Erotik kämen hier sicher nicht zu kurz und wären sicherlich noch süßer als bei uns Erdenmenschen. Jeder Mensch würde öfter einmal mit allen Menschen zusammenleben und wäre die Einwohnerzahl eine Milliarde oder mehr in der Unendlichkeit des Lebens auf diesem Planeten Paradies. Ob nun diese Menschen alle in der Nähe zusammenleben würden oder sie seien zerstreut wohnhaft auf dem Planeten Paradies.

So wäre man ohnehin nicht monogam. Abwechslung, im Sinne der schönsten Sache der Welt, gäbe es hier also in Hülle und Fülle.

Währenddessen bei unserer Erdenmenschheit mitunter geheiratet wird und man sich treu ist bis in den Tod.

Sämtliche Sitten und Gebräuche, bei unserer Menschheit seit Anbeginn bis heute und in ferner Zukunft, könnte man hier zum Vergleich bringen und aufzählen.

Auf dem Planeten Paradies findet jedoch keine Liebe statt zwischen gleichartigen Geschlechtern. Solches würde man nur hin und wieder feststellen auf Planeten, die außerhalb aller paradiesischen Prinzipien liegen würden, im Sinne des wahren, schönen Guten. Auf dem Planeten Paradies hat man noch nicht einmal die geringste Vorstellung davon, dass so etwas möglich ist. Solches treffen wir nur als Entgleisung innerhalb aller Welten an, die mehr oder weniger im Zeichen des Schreckens geboren sind.

Doch überall, so auch auf unserer Erde, ist Derartiges relativ sehr selten der Fall und wäre als Blüten des Irrtums und Schreckens zu deuten. Gott hat dem Menschen, Mann und Frau, solche sexuelle Neigungen gleichgeschlechtlicher Liebe nicht etwa angeboren. Diese Menschen sind im Grunde sexuell normal geboren von Gott aus, oder von Natur aus, so dass hier nur eine Entgleisung stattfindet.

Gott würde einen solchen Irrtum des Schreckens nicht etwa programmieren, um Unruhe zu stiften, da dies unter seiner Würde wäre. Doch in einer Welt, die im Grunde schlecht sein soll, kommen auch die absonderlichsten Dinge zum Vorschein.

Dinge wie Unzucht, Unmoral oder sonstige Perversitäten. Diese Dinge lassen sich auch gar nicht völlig vermeiden in einer Welt voller Risiken, im Zeichen des Schreckens und Bösen!

Hier darf natürlich auch jeder Mensch seine eigene Meinung haben. Die Zeichen aller Schrecken, innerhalb allem Bösen, sind nahezu unbeschränkt, ob in Wort, Tat, Gebärde oder wo auch immer. Zum Schrecken gehören nun einmal auch alle Missgeburten, so auch alle zwitterhaften Geburten usw. So wie überhaupt, ob dies nun Menschen gefällt oder nicht, die Menschen des Schreckens alle zumindest psychisch als Missgeburten ebenfalls anzusehen sind.

Ganz einfach, wollten Sie künstlich einem Menschen eine negative Psyche geben, so würden Sie als Schöpfer garantiert nicht selbst behaupten wollen, dass Ihnen hier eine glückliche, vollkommene Schöpfung der Psyche gelungen wäre, im wahren, schönen, guten Sinne.

Hier wird unsere Menschheit (Gehirnforschung) eines Tages dafür den genetischen Beweis erbringen. Wenn es soweit wäre, dass es alsdann nur noch Menschen gäbe wie aus dem Katalog im wahren, schönen guten Sinne, wenn nicht ebenfalls in gleichem Maße wie auf dem Planeten Paradies.

Anderen Menschen, die Derartiges nicht erlebt hätten und noch zu den alten Zeiten gehören würden, besonders da, wo das Aussehen der Menschen nun wirklich nicht schön wäre, könnte man solches durch Geningenieure garantiert korrigieren. Alles könnte man einfach nachwachsen lassen, Augen, Nase usw. So unglaublich, wie Derartiges klingen mag.

Man würde einen neuen Menschen modellieren können, ebenfalls die Psyche ins Positive. Aus böse oder schlecht wird hier endlich alles gut. Denn das Böse hat ein Gesicht!

Wenn nun eines Tages unsere Menschheit tatsächlich in der Lage wäre, Derartiges zu vollbringen, und sie womöglich es Gott gleichtun könnte, wie der genannte Planet Paradies, so wäre dies eine klassenlose Gesellschaft im vollkommenen Sinn 100 %ig. Da es hier auch nicht Gott gäbe, den es wahrscheinlich auch gar nicht gibt im womöglich unendlichen Universum.

Dies wäre tatsächlich das beste Ideal für eine Menschheit, die allem Bösen entsagen wollte. Und sollte das Ziel unserer Menschheit sein!

Kriege gäbe es allenfalls in ferneren Zeiten und nur im womöglich unendlichen Universum. Für den womöglichen Krieg würden schon andere Menschheiten sorgen, die noch dem Bösen verfallen wären. So könnte man sich hier ebenfalls sämtliche Zukunftsvisionen gut vorstellen. Und der Fantasie wären kaum Grenzen gesetzt, SCIENCE-FICTION(Krieg der Sterne).

Nur wenn unsere Menschheit die einzige wäre im enträtseltem Kosmos, und es gäbe keine Feinde mehr, könnte eine zukünftige Menschheit auf Militär verzichten.

Gäbe es den Gott meiner Philosophie, so könnte man sich hier ebenfalls alles gut vorstellen, weshalb Gott die Welt ohne das Böse nicht gewollt hat. Sonst würde eine Welt wie die unsere nicht existieren.

Das Losungswort würde heißen: ABENTEUER!

Mancher Mensch würde sich hier fragen, ob dies überhaupt einem Gott Spaß machen würde? Nun, hier könnte man ja auch den Vergleich ziehen zwischen einem Welt-Universum, wo es nur diesen einen Planeten „Paradies" mit dessen Menschheit gäbe, in einem möglichen Universum begrenzt oder nicht im Nichts. Oder einer Welt, wo es gar unzählige Universen gäbe, innerhalb eines womöglich unendlichen Kosmos. Mit unzähligen Planeten und deren verschiedensten Menschheiten und Entwicklungsstufen, bis hin zum Krieg der Sterne.

Jenseits des Nichts, aller Unendlichkeit, des Unvorstellbaren, wo keine Menschheit dorthin gelangen könnte, wäre Gott zu Hause.

Innerhalb einer derartigen Realität könnte es ebenfalls, neben unzähligen Universen, im womöglich unendlichen Kosmos im Nichts auch diesen sogenannten Planeten Paradies mit dessen Menschheit im Sinne des Wahren, Schönen, Guten geben, innerhalb ihres eigenen Universums im Nichts. Dorthin könnte das Böse niemals gelangen. So könnte das Gute ebenfalls niemals das Böse erreichen. Geschweige denn, irgendeine Menschheit könnte Gott erreichen, wo er zu Hause wäre.

Kein einziger Mensch.

Doch noch einmal zurück auf unseren erdachten Planeten Paradies. Jeder Mensch kann sich hier ein besseres Paradies ausdenken, wenn er kann. Oder wäre ein Paradies mit unsterblichen Menschen ohne Fortschritt besser?

Auf unserem Planeten Paradies, wo es jedoch den Fortschritt gibt, war dieser gleichermaßen allen Menschen in die Wiege gelegt. Alle Menschen wären hier also gleich intelligent und allwissend. Jede Arbeit, die der einzelne Mensch nicht bewältigen könnte, wird gemeinsam im brüderlichen, gleichberechtigten Sinne erledigt. Hier ist die Gleichheit und Brüderlichkeit Wirklichkeit. Die Menschheit entwickelte sich ja ausgehend von Adam-Gott und Eva. Der gesamte Fortschritt, bis zum äußersten nur machbaren, für eine solche Welt bestand ja bereits schon, bevor das erste Menschenleben aus der Verbindung von Adam-Gott und Eva hervorging und das Licht der Welt erblickte. Ungeheure Zeitmengen verstrichen, wenn nicht Millionen Jahre, bis hier die Zahl dieser Menschheit schätzungsweise nur 100 Einwohner zählte. Ob nun unsere Menschheit von Gott oder von Natur herrührt, spielt keine Rolle, erst dann, wenn eine Menschheit im Universum oder unsere Menschheit imstande wäre, derartige paradiesische Verhältnisse zu schaffen, wo auch jeder Mensch, Mann und Frau, gleich intelligent und allwissend wäre und es der Menschheit gleichtun würde auf dem Planeten Paradies, so wäre dies eine klassenlose Gesellschaft, wie gesagt.

Hier könnten wir ebenso Vergleiche ziehen, bis zurück, wo der Mensch noch mehr Tier war als Mensch. Welch ein Schauspiel menschlicher Ereignisse. Von Sitten, Imperien, Staatengebilden, Eroberungen, Schlachten und Mord und Totschlag und allen Arten von Verbrechen und deren Moralbegriffen und so weiter und so fort. Welch eine Bewunderung des Bösen.

Die Faszination des Bösen.

HIER HABEN WIR DEN VERGLEICH DER VERGLEICHE

Bilder tauchen hier auf, aus dem Dunkel unserer Menschheitsgeschichte, von Dschingis Khan und seiner Goldenen Horde, die wie Heuschrecken fast ganz Asien eroberten. Oder Attilas, des Hunnenkönigs, vor dem Europa erzitterte. Alexanders des Großen bis hin zu Cäsar und seinen Legionen. Von Napoleon, dem Imperator Europas, bis hin zu den großen Materialschlachten des Ersten und Zweiten Weltkrieges, dem dunkelsten Kapitel unserer Menschheitsgeschichte. Nur die Atombombe hat den Schrecken aller Schrecken, einen Dritten Weltkrieg, bis heute verhindert.
Nun könnte man meinen, dass alle Schlachtpläne und alle Schlachtfelder nur den einen Sinn der Fortpflanzung und Arterhaltung beinhalten würden. Sicher mag es auch hier Parallelen geben ins Tierreich, doch der Mensch des Schreckens verhält sich nur deshalb ungerecht und gewaltsam, weil er durch die Psyche des Bösen von Natur aus, oder von Gott meiner Philosophie aus, dazu getrieben wird.

Gäbe es Gott meiner Philosophie, müsste man sich ohnehin über nichts mehr wundern. Denn Gott wäre hier die Vernunft, denn Gott richtet sich eine Welt ein, wie er sie mag, und nicht wie die Menschen es sich gerne wünschen würden. Fortpflanzung und Arterhaltung spielen hier kaum eine Rolle. Wenn der Mensch von Natur wäre, also ein natürliches Produkt aus an sich toter Materie chemisch-atomar, ohne Schöpfer Gott entstand, liegt die Vernunft alleine beim Menschen!
Doch der Mensch nutzt seine Vernunft nur, um tierischer als jedes Tier zu sein. Weil eben der Mensch ein natürliches Produkt der Natur ist, aus sinnloser, sterblicher, an sich toter Materie, und weil eben der Natur beim Menschen garantiert etwas im erschreckenden Maße gelang, **ist es so und nicht anders.**

Der Natur, an sich sinnloser, sterblicher, toter Materie, ist es egal, ob ein Mensch böse oder gut wäre. Oder was aus ihm wird. Ob er nun leide oder sich am Leben freut.

Alle Guten, alle Bösen folgen der Liebes-Rosenspur.

Wer kann hier schon widerstehen, kein Mensch noch Tier. So ist es verständlich, dass innerhalb einer derartigen Welt beim Menschen, so auch im Tierreich, um den weiblichen Partner gekämpft wird. **Alles dreht sich um L'amour.**

Sie wollen alle erobert und umworben sein. Was werden im Tierreich nicht nur für Anstrengungen und Strapazen unternommen, wenn es um die Weibchen geht, so auch beim Menschen. Es werden Rituale, Zeremonien und so weiter abgehalten, **bis zum möglichen Erfolg oder Tod.**

Wie anders ist es zum Vergleich auf unserem Planeten Paradies. Hier wäre dies alles nicht notwendig und findet auch gar nicht statt. Weder im Tierreich noch beim Menschen. Verbleiben wir zunächst, zum allerletzten Mal, auf unserem Planeten Paradies. Bei Adam-Gott und Eva! Gott selbst wäre hier bei Adam imstande, mit seiner Seele (Allseele) den Körper zu verlassen, als würden wir, zum Vergleich, ein Automobil verlassen oder aussteigen. Bei Adam wäre sozusagen dennoch alles beim Alten. Dementsprechend lebt er weiter wie bisher. Gott könnte es einrichten, wie er es für richtig fände. Entweder würde Adam keine Kenntnis davon haben, dass Gott ihn verlassen hätte, oder er lebt mit dem Bewusstsein weiter, dass Gott (Seele-Allseele) ihn verlassen hätte. Auf diese Art und Weise könnte Gott auch den Körper von Eva übernehmen, wenn er auch einmal Frau sein wollte. Gleichgeschlechtliche Liebe wäre bei Gott mit Sicherheit auszuschließen, wie gesagt.

Wenn, dann nur in diesem Sinne oder überhaupt nicht. Auf diese Weise könnte Gott alle Menschen, Mann und Frau, mit seiner Seele auf Zeit, solange er möchte, übernehmen. Ein jeder Mensch wüsste dann, dass Gott in ihm stecken würde oder nicht. Wie Belieben oder es Gott möchte, wie gesagt.

Gott würde mit Sicherheit, nur auf diesem Planeten oder ähnlichen paradiesischen Planeten, auch Frau sein wollen. Hier wäre ja alles im reinlichsten, sauberen, makellosen Sinne zu verstehen. Gott würde ja, wäre er Eva, seinen eigenen Körper lieben, den er zuvor lange Zeit bewohnte. In diesem Sinne könnte er eben die gesamte Menschheit auf Zeit bewohnen. Wäre er am Ende angelangt, könnte er bei Adam und Eva wiederum anfangen, bis in die Zeiträume der Unendlichkeit! So hätte Gott mit seiner Seele auch im kleinsten Lebewesen Platz, innerhalb sämtlicher Tierwelten. Der Mikrokosmos ist ebenso undurchschaubar wie der Makrokosmos. Beim Makrokosmos, so wie beim Mikrokosmos, sind noch lange nicht alle Türen aufgestoßen. Gibt es tatsächlich diesen Gott meiner Philosophie, wird der Mensch die allerletzte Tür niemals öffnen können und die letzten Geheimnisse werden für ihn unentdeckt bleiben.

Wenn es aber in der Natur weder Gott noch sonstiges Übernatürliches gibt, wird der Mensch eines Tages die allerletzten Geheimnisse mit Sicherheit lüften. Dann wüsste man, weshalb Materie existiert und Leben entstanden ist. Zeit und Raum wären enträtselt und man hätte eine klare Vorstellung davon, über einen begrenzten oder unendlichen Raum-Kosmos! Dann wäre auch der Beweis erbracht, dass es Gott oder Götter oder sonstiges Übernatürliches niemals gegeben hätte.

Wie Gott mit seiner Seele die gewaltigen Weiten des Universums durchschreiten könnte oder aus welcher Materie sie bestehen würde, so dass sie auch im kleinsten Lebewesen Platz hätte, wäre ein Rätsel und unvorstellbar. Hätte Gott einzig und allein diesen erdachten Planeten Paradies gewollt (vielleicht möchte er später einmal diesen erschaffen und allem Bösen entsagen), dann würden hier alle Menschen auch die letzten Geheimnisse kennen und Gottes Zuhause. Ob nun Gott in der Lage wäre, diesen Menschen eine Seele zu geben

43

oder nicht, würde hier keine Rolle spielen. Wenn aber Gott in der Lage wäre, allen Menschen auf dem Planeten Paradies auch eine Seele zu geben, die den Körper auch wieder verlassen könnte, so könnte man in diesem Sinne Partnertausch machen.

Dann hätte eben die Seele, wenn sie Frau wäre, eine weibliche, pulsierende Seele oder umgekehrt, wenn sie männlich wäre, eine männliche, pulsierende Seele. Denn Seele hat ja in diesem Sinne nichts mit männlich oder weiblich zu tun. Dass es männliche wie weibliche Seelen von Gott aus oder von Natur aus gibt, die sich wiederum in diesem Sinne vermehren, halte ich für ausgeschlossen. Wenn Menschen auf dem Planeten Paradies mit einer derartigen Seele den Körper verlassen könnten, gäbe es oder kann es auch wieder Babys geben, wenn sie alsdann ihren alten Körper zu Staub werden ließen. Eine Seele wird jedoch vor dem 3. Lebensjahr eines Kindes etwa kaum davon Gebrauch machen, den Körper vorher zu übernehmen. Nur bis zu diesem Zeitpunkt, wo Seelen in diesem Sinne einen Körper übernehmen, gäbe es Kinder in unserem Sinne wie auf unserer Erde.

Wären diese künstlichen Seelen von Gott erschaffen, der Seele Gottes ebenbürtig gleich, so wäre dies dann eine absolute klassenlose Gesellschaft!

Doch ich gehe davon aus, dass Gott sich die Souveränität erhält und jederzeit, gäbe es Missbrauch, eine Seele oder Leben schlechthin eliminieren könnte. Auf dem Planeten Paradies, wo es die genannte Menschheit gäbe, mit oder ohne Seelen, durchlebt jeder Mensch, vorwiegend die Frau, ohne hier in Pornographie zu verfallen, in der Unendlichkeit alle nur denkbaren schönsten Figuren. Ob besonders schlank, korpulent, kleinere oder sehr große Brüste oder was auch immer, und so weiter und so fort. Auf diese Weise gibt es alles nur Erdenkliche der Abwechslung zuliebe in Punkto Sex. Vom erwachsenen dreijährigen Menschen im Sinne des Zurückschrupfungsprozesses der Allwissenheit des Geistes bis zum hohen Alter sozusagen und vieles dazwischen, versteht sich. Um nicht noch näher ins Detail zu gehen.

Der Beischlaf kann nur unter gleichalterigen Menschen ausgeübt werden, oder da wo es noch möglich wäre. Missbrauch wäre auszuschließen. Dies versteht sich ja von selbst.

44

Gäbe es diese Menschheit mit Seelen und man wollte Babys und Kinder bis zum 16. Lebensjahr etwa wie bei uns auf Erden, würden Kinder erst dann mit in den Sex miteinbezogen, wo Seelen den Körper übernommen haben.

Eine derartige Menschheit mit Seelen wäre also dem Ideal der Gleichheit und Brüderlichkeit näher.

Dies gilt auch für unsere Menschheit auf Erden, wenn sie sich selbst eine Seele verschaffen könnte. Von Natur aus, an sich toter Materie, hat der Mensch keine Seele. Garantiert?
Alles muss genau durchdacht sein, ob man wolle oder nicht. Ob dies nun Menschen gefällt oder nicht. Jeder Mensch kann sich darüber Gedanken machen, welche Dinge es noch geben könnte auf dem Planeten Paradies, und sich dementsprechend alles ausmalen. Wenn er kann, möge er sich noch etwas Besseres ausdenken.
Wenn es nun den Gott meiner Philosophie gibt (zwei Seelen würden schlagen ach in seiner Brust), so wäre zwar alles Gottes Schöpfung, doch aber nicht ohne des Teufels Beitrag (Doppelmoral). Hier gäbe es eben alles nur Erdenkliche und Machbare innerhalb eines womöglich unbegrenzten Kosmos. So gibt es garantiert diesen Planeten Paradies, mit dieser Menschheit ausgehend von Adam-Gott und Eva. Bis zur absoluten Hölle, mit dementsprechenden Menschen und Tieren.
Märchenhafte Welten mag es geben, unvorstellbar zauberhaft schön. Denn Gott würde sagen: Es gibt keine Märchen, weil sie alle wahr sind oder wahr sein könnten.

Gott wäre hier eben leider auch der Teufel in einer Person!

Wenn man davon ausgeht, dies wäre so, dann würden alle Menschen auf dem Planeten Paradies mit einer Lüge leben. Selbst wenn sie eine Seele besitzen würden, im unsterblichen Sinne. Alle Menschen

45

würden glauben, dass Gott immer in Adam stecken würde, selbst wenn Adam mit Eva einen Seelenaustausch machen würde.
Hätten diese oder andere Menschheiten keine Seele, wäre es für Gott ebenso leicht, alle Menschen zu täuschen. Das heißt, Gott kann jederzeit Menschen übernehmen, mit Seele oder keiner. Diese wiederum in Kenntnis setzen, Gott sei in ihnen, oder sie wüssten davon nichts, dass Gott von ihnen Besitz ergriffen hätte.

Verlässt Gott aber Menschen, mit oder ohne Seele, dann setzt er keinen einzigen davon in Kenntnis!

Der Planet Paradies, innerhalb seines eigenen Universums im Nichts, wäre eine Welt für sich. Nur Gott könnte sie betreten. Das Zuhause Gottes würde kein Mensch zu Gesicht bekommen und die allerletzten Geheimnisse blieben ein Geheimnis.

Über den Sinn des Lebens und der Welt, gibt es also drei Haupt-Ringe-Thesen:

Erstens:

Wenn man annimmt, es gäbe nichts Übernatürliches und alles Leben sei von Natur wegen (ohne denkendes Wesen) chemisch, molekular, atomar usw. aus an sich toter Materie entstanden. Womöglich wäre unsere Menschheit der einzige Zufall im Weltraum. Begrenzt oder nicht begrenzt. In einer solchen Welt, wo der Mensch die Unsterblichkeit noch nicht erreicht hat, einen begrenzten oder nicht begrenzten Kosmos nicht erklären kann, Anfang und Ende nicht begreift und weshalb Leben und Materie existiert, wäre der höhere Sinn des Lebens und der Welt SINNLOS. Da kein denkendes Wesen (etwas Übernatürliches – Gott) für Materie und Leben verantwortlich wäre. Nur die Arterhaltung und Vermehrung läge diesem Materie-Leben zugrunde. **Das Spiel an sich toter Materie!**

Zweitens:

Angenommen, der Mensch hat die Unsterblichkeit erreicht (mit oder ohne Seele) und sämtliche Geheimnisse des Lebens und der Welt enträtselt. Dann hätte die Welt – Leben – Materie in diesem Sinne einen höheren Sinn bekommen.

Drittens:

Gäbe es Gott meiner Philosophie oder andere Götter, wie zum Beispiel, um nur 8 Weltreligionen zu nennen, das Christentum, Universismus, Islam, Hinduismus, Buddhismus, Schintoismus, Judentum, Parsismus. Dann wäre der Sinn des Lebens und der Welt dementsprechend. Alle und noch viele mehr können nicht recht haben.

Es kann nur eine Wahrheit geben.

47

Der Mensch beschäftigte sich schon immer mit dem Ursprung und der Herkunft des Lebens. Sämtliche RELIGIONEN und MYTHEN haben die verschiedensten Ansichten darüber. Weit bis ins 18. Jahrhundert glaubte man, das Leben sei in seiner Form wie heute entstanden seit ANBEGINN.

Durch Darwin kamen jedoch die Zweifel von der unmittelbaren Entstehung des Lebens von Anbeginn. Vielmehr hat sich das Leben von einer Art zur anderen entwickelt im Sinne einer biologischen Evolution. So wie Darwin 1871 andeutete, fällt dieser Prozess zusammen mit der Entstehung der Urmaterie. Der Kampf ums Dasein, die natürliche Auslese einer biologischen Evolution nimmt heute die Naturwissenschaft eher an als die Annahme, Leben sei in der gegenwärtigen Form seit Anbeginn so entstanden.

Sicher vergingen für die molekulare Evolution und die Entstehung des Lebens (Biogenese) Milliarden, wenn nicht mehrere Milliarden Jahre. Nur Gott meiner Philosophie, geht man davon aus, dass es ihn gibt und dies die einzige Wahrheit wäre, oder der zukünftige Mensch könnte spontan Leben erschaffen.

Aus dem Zustand tierischer Rohheit hat sich der Mensch emporgearbeitet zu allen Hochkulturen, die wir kennen, bis in unsere Zeit.

Die Evolutionslehre hat den Menschen von seinem Thron herabgestürzt und ihn in eine Entwicklungsgeschichte gestuft, in der Affe und Mensch aus einem gemeinsamen Vorfahren entstanden sein sollen.

Bis heute können Menschen den Gedanken, dass der Mensch durch blinden Zufall entstand (ohne denkendes Wesen, Gott usw.), aus an sich toter Materie, molekular, atomar, chemisch entstand, nicht ertragen.

So mangelt es nicht an Denkern und Deutern!

Zum Beispiel behauptet der Schweizer Erich von Däniken, Evolution habe es nie gegeben, der Mensch sei entstanden, weil Besucher aus dem Weltall in frühgeschichtlicher Zeit die Erbmasse von Affen veränderten. Und der Theologe und Naturforscher Teilhard de Chardin lehrte, dass mit dem Menschen die Entwicklung nicht abgeschlossen sei. Alle Linien führten über das Leben zum Denken und schließlich zu einem höheren Leben. Im „Punkte Omega" vereine sich zuletzt die ganze Menschheit zu einem „höheren Ich", träfen sich Wissenschaft und Glaube.

Manche Wissenschaftler nehmen an, dass der Mensch im Zeichen der Unwissenheit, des Unvermögens, den Sinn zu erkennen, niemals dazu im Stande sein wird! Wird der Mensch nie erfahren, wieso er eigentlich lebt, weil er die Entstehung des Lebens praktisch nie völlig nachweisen kann? Anfang und Ende würden immer ein Geheimnis bleiben, nur die Mitte wäre uns bekannt, welches wir Leben nennen. So würde der Mensch auch niemals den Tod besiegen. Jedem von uns bleibt nur, von sich behaupten zu können, einmal dabei gewesen zu sein.

**Gibt es Gott meiner Philosophie,
könnte dies genau zutreffen.**

SEIN ODER NICHTSEIN,
**das ist hier die Frage,
wohl solange, bis der letzte Vorhang fällt.
Und die letzten Götter
stürzten von ihrem Thron!**

49

Unsichtbar sind die Anfänge der Wesen und ihr Ende auch, die Mitte nur ist sichtbar uns. Zwecklos jammerst du um die Erlösung vom Tode, zwecklos jammerst du um die Erlösung vom Leiden, der Geburt, dem Alter, der Krankheit, dem Tod. Dies ist die edle Wahrheit vom Leiden: Geburt ist Leiden, Alter ist Leiden, Krankheit ist Leiden, von Lieben getrennt sein ist Leiden, nicht erlangen, was man begehrt, ist Leiden. Zwecklos jammerst du um den, dessen Weg du nicht kennst, weder woher er gekommen, noch wohin er gegangen ist, da du die beiden Enden nicht siehst. Ein Mensch, der den Kummer nicht aufgibt, gerät nur noch mehr in das Leiden. Die einen Toten beweinen, unterliegen der Gewalt des Kummers. Wahrhafte Erkenntnis und Schauen in voller Klarheit über Leben und Tod gibt es für uns Menschen nicht. Vollendet und vollendete Tatsachen sind, dass alle Gebilde vergänglich sind. Die Vergänglichkeit alles Irdischen. Das Allerbeste ist das Paradies. Das Allerschlimmste ist die Hölle. Lehre uns unsere Tage zählen (zu Rate halten), dass wir erlangen ein weises Herz. Der Edle duldet nicht, dass in seiner Welt irgendetwas in Unordnung ist. Das ist es, worauf alles ankommt. Wenn man noch nicht das Leben kennt, wie sollte man den Tod kennen.

Aus dem Buddhismus

50

Die Vergänglichkeit alles Irdischen

Unbekannt und unbemerkt ist das Leben der Sterblichen hienieden, voll von Kümmernissen und nichtig, und mit Leid ist es verbunden. Denn es besteht ja keine Möglichkeit, durch welche, die geboren, dem Tode entgehen könnten. Nach der Erreichung des Alters kommt der Tod, dies ist das Gesetz der lebenden Wesen. Wie für die reifen Früchte die Gefahr des Abfallens schon früh besteht, so besteht für die Sterblichen, wenn sie geboren sind, beständig die Gefahr des Sterbens. Wie den von dem Töpfer gefertigten irdenen Gefäßen allen das Ende des Zerbrechens beschieden ist, so auch im Leben der Sterblichen. Die Jungen und die Alten, die Toren und die Weisen, sie alle gelangen in die Gewalt des Todes, ihr aller Ende ist der Tod. Von denen, die vom Tode überwältigt in die andere Welt gehen, rettet nicht der Vater seinen Sohn, noch retten die Verwandten ihre Angehörigen. Siehe, während die Verwandten zusehen und laut wehklagen, wird einer der Sterblichen nach dem anderen hinweggeführt, wie das Rind, das zum Schlachten bestimmt ist. Also ist die Welt mit Tod und Alter behaftet, daher grämen sich die Weisen darüber nicht, da sie den Weg der Welt kennen. Zwecklos jammerst du um den, dessen Weg du nicht kennst, weder woher er gekommen, noch wohin er gegangen ist, da du die beiden Enden nicht siehst. Wenn der sich selbst quälende Tor durch sein Jammern irgendeinen Zweck erreichen sollte, dann möge der Verständige ebenso handeln! Denn nicht gewinnt man ja durch Weinen und Kummer den Frieden des Gemüts. Der Körper wird umso mehr geschädigt, je mehr in einem das Leiden Wurzel fasst, siehe, das ist der Lauf der Welt.

Aus dem Buddhismus

Die Türen sind aufgestoßen, machen wir uns weiter auf den Weg.

Betrachtet man unser bekanntes Weltbild, das Weltall! Mit seinen unzähligen Galaxien, im womöglich unendlichen Raum. So bewegen sich Galaxien auf uns zu. Wäre dies ein Zeichen dafür, dass sich hier Welten überschneiden? Folgerichtig gibt es wohl viele Welten, wer weiß, wie viele wie die unsere, im unendlichen Raum. Ansonsten bewegen sich alle Galaxien flüchtend von uns weg, bewegend ins Weltall!

Unser Sonnensystem (Sonne, Erde, Mars usw.) liegt ja am Randgebiet unserer Milchstraße (Galaxie) und rast auf das Sternbild Herkules zu. Es ist eine gewaltige Kreisumdrehung innerhalb unserer Milchstraße und dauert Milliarden Jahre. Selbst unsere Milchstraße dreht sich um die eigene Achse und rast auch mitsamt unserer Erde auf einen Punkt zu im Kosmos, um sich wahrscheinlich ebenfalls zu drehen. Unsere Erde dreht sich ja um ihre eigene Achse. Dann dreht sie sich auch um die Sonne. Im unendlichen Raum gibt es sicher so viele Universen, wie es innerhalb unseres Universums Galaxien gibt. Sicher überschneiden sich gegebenenfalls UNIVERSEN – MATERIE!

Ahnest du den Schöpfer – Welt? Such ihn überm Sternenzelt.
Über Sternen muss er wohnen. Froh, wie seine Sonnen fliegen
durch des Himmels prächtigen Plan.

(aus Schiller)

Wie klein erscheint da doch unser blauer Planet Erde. Betrachtet man aber zum Vergleich wiederum den sogenannten Mikrokosmos, ergibt sich hier eine ebenbürtige Welt im Kleinsten. Zum Beispiel: Eine einzige Zelle des menschlichen Körpers, in der sämtliche Erbanlagen eines menschlichen Körpers enthalten sind, ist mit dem bloßen Auge unsichtbar. Mit einer einzigen Zelle vermag heute schon die Wissenschaft einen Menschen zu klonen. Innerhalb einer Zelle befindet sich das noch viel kleinere **Protoplasma**, der **Baustoff** des **Lebens.**

Alle Lebewesen bestehen aus diesem unvorstellbaren, komplizierten Lebensstoff, dem Protoplasma. Auch die Pflanzen usw. Als totes Protoplasma nehmen alle Lebewesen es als Nahrung zu sich. In jeder Speise wäre es enthalten. Obwohl das Wesentliche des Protoplasmas gerade das Lebendige ist. Diesen Stoff gibt es in den verschiedensten Formen, flüssig und fest. Es ist ein Stoff aus dem Gemisch vieler Bestandteile.

Man bekommt einen besseren Eindruck vom Protoplasma, wenn wir es uns als eine Maschine vorstellen. Man muss sich wundern über die sich selbst antreibenden und sich selbst erneuernden Mechanismen der Protoplasma-Maschine, die alle Lebewesen laufen, fliegen, schwimmen und kriechen lässt. Den Menschen atmen, sprechen, denken usw. lässt. Alle Lebewesen stecken voll solcher Maschinen. Selbst wenn man ein Elektronenmikroskop zu Hilfe nehmen würde, das zweihunderttausendfach vergrößert, erkennt man nicht die feinsten Details dieser Maschine. Man müsste ein Instrument, das hundertmillionenfach vergrößert, haben. Das Protoplasma besteht aus Molekülen und aus deren noch kleineren Bausteinen, den Atomen. Moleküle sind Verbindungen von Atomen.

Das Protoplasma bildet nicht nur eine Maschine, sondern steckt voll von höchst verzwickten Kombinationen unzähliger Arten von Maschinen oder Maschinensätzen. Es ist sozusagen eine ganze Welt von Maschinen. Die Erde aus dem All gesehen als runden Ball, das ist Protoplasma, mit all ihren Menschen, Fabriken, Kulturen, Errungenschaften usw.

Es ist eine chemische Substanz mit unzähligen chemisch millionenfach verschiedenen Stoffen. Jeder Stoff ein Molekül mit ganz bestimmter Aufgabe. Alle arbeiten für die Gesamtheit. Eine Sekunde ist so voller Ereignisse wie ein Jahrhundert im Leben der Menschheit. Gearbeitet wird mit Atomen, Ionen, Elektronen. Bewegung in der Welt der Atome geht unvorstellbar schnell vor sich (chemische Reaktion). Jedes Ereignis in der Welt der Atome rollt mit atomarer Geschwindigkeit ab. In weniger als einer Millionstel Sekunde wechselt ein Atom von einem Stoff auf einen anderen. Deshalb rechnen die Biophysiker nicht nach Sekunden, sondern nach Nanosekunden. Jede ist ein Milliardstel Teil einer Sekunde.

Hier beginnt das noch viel, viel, viel größere Wunder, welches wir Leben nennen. Die Welt des Lebendigen!

Durch die Kenntnis von Mikrokosmos und Makrokosmos bekommt der Mensch eine gute Vorstellung von der Welt und des Lebens, in der er lebt oder aus der er hervorgegangen ist. Auf einem winzigen Punkt, welchen wir Erde nennen.

Hier entstand Leben.
DAS GRÖSSTE WUNDER
ALLER WUNDER!

DIE ZELLE:

Alle Körpergewebe der Lebewesen bestehen
aus mikroskopisch kleinen Einheiten,
die man Zelle nennt.

Die wie Bausteine eines Bauwerkes das Ganze formen und zugleich
winzige chemische Fabriken sind. Erst im frühen 19. Jahrhundert
erkannte man, dass alle Lebewesen aus Zellen aufgebaut sind. Jede
Zelle geht von einer zuvor vorhandenen Zelle hervor. Ein Mensch
kann etwa 120 Jahre alt werden, dann teilen sich die Zellen nicht
mehr, keine Erneuerung mehr von Zellen. Ein Vogelei ist eine
einzige Zelle. In einem Tropfen Blut würde man 5 Millionen Zellen
sehen und so weiter und so fort. Heute schon, oder in Zukunft, gibt
es Kleinstcomputer (Nanobots) von der Größe einer Zelle. Unsere
Gehirnfunktion könnte man dadurch verbessern und sogar ein Gehirn
kopieren.

Soviel zum Thema Zelle.

Auf Grund unumstößlicher mathematischer Gesetze könnte man annehmen,
dass unser Universum von einer großen technischen Intelligenz ersonnen
und ausgeführt worden ist. So könnte man auch sagen, dass niemals Leben
nur durch Zufall auf unserer Erde entstand. Was Leben an sich ist, hat noch
niemand ergründet. **An der Grenze des Wissens beginnt der Glaube:** Wir
stehen im Morgengrauen wissenschaftlicher Erkenntnisse. Diese offenbaren
immer deutlicher das Werk eines denkenden Schöpfer-Geistes. Die
Tatsache, dass der Mensch den Begriff Gott zu denken vermag, ist an sich
schon ein einzigartiger Beweis. So A. Cressy Morrison, vormals Präsident
der Akademie der Wissenschaften in New York. So oder ähnlich äußerten
sich Max Planck, Albert Einstein oder andere Wissenschaftler usw. Doch
ich glaube an den chemischen atomaren Zufall der Materie, ohne Schöpfer-
Gott. Und stünde er 1 zu 10 Milliarden in der Unendlichkeit. Gäbe es einen
Schöpfer-Gott, dann behaupte ich, dass das Wesen-Gottes meiner
Philosophie entspräche.

Nun einige Andeutungen unseres Makrokosmos.

Das Universum

Es gibt viele Theorien, Thesen über die Entstehung der Welt.
Dies wäre nur eine davon.

Eine Theorie besagt, das Universum
wird eine endliche Größe erreichen, um dann wieder in sich
zusammenzustürzen, um sich dann wieder auszudehnen.
Die Theorie, dass sich das Universum ausdehnt und sich
wieder zusammenzieht, halte ich für das Wahrscheinlichste.
Im Sinne einer immerwährenden Neuschöpfung.
Hier könnte Zeit und Energie immer gewesen sein.

56

Wenn man nun davon ausgeht, dass Leben auf unserem Planeten Erde ohne Schöpfer entstand, so war dies nur möglich, weil sämtliche Voraussetzungen, durch Milliarden von Jahren, sich dafür gebildet haben. Nur weil sich unsere Erde im genauen Abstand um die Sonne dreht, ist Leben überhaupt denkbar. Allein durch die Schräglage, immer der Sonne zugeneigt, entstehen auf unserer Erde alle vier Jahreszeiten.

Würde sich also unsere Erde etwas näher zur Sonne hinbewegen, dann wäre es zu heiß, würde sie sich weiter entfernt um die Sonne drehen, wäre es zu kalt. Alles in allem wäre hier das Leben dann eine chemische Reaktion und eine Ausdrucksweise molekularer, atomarer, an sich toter Materie.

So wie sich ein Planet bildete, Erdkruste, Gebirge, Atmosphäre, Ozeane usw. und so fort.

Man müsste sich dabei noch vorstellen, wie wichtig es für die Erde ist, dass sie einen Mond hat. Der Mond hält die Erde durch seine Anziehungskraft in der richtigen Balance. Sonst würde die Erde taumeln und Leben wäre sicher bereits erloschen. Man ist überwältigt von der Vielzahl aller verschiedensten Lebensformen (Artenreichtum) bei allem Leben.

Wer weiß, wie viele Lebensarten durch den Kampf ums Dasein bereits seit Beginn ausstarben.

Welch ein Wunder des Lebens, wären wir seit Anbeginn dabei gewesen.

Urwesen, Monstren und wer weiß noch, Dinge, die wir nicht einmal erahnen können.

So gäbe es dementsprechend in ferner Zukunft wieder völlig andere Tierarten (Monstren) und so weiter und so fort auf unserer Erde, wenn sich Klima und Gegebenheiten von Grund auf verändern würden.

So nach der Meinung unserer Wissenschaft.

Welch ein Schauspiel, wir könnten alles gesehen haben, den gesamten Kreislauf des Lebens. Nicht nur hier auf unserer Erde. Nein, des gesamten Kosmos. Des überhaupt möglichen machbaren Lebens, aus dem Spiel an sich toter Materie. Von riesigen Kraken, unheimlichen Monstren der Meere bis hin zu Dinosauriern und Flugechsen und vorsintflutlichen, halb Tier und Menschenleben im nur erdenklichen, erschreckenden Aussehen. Von riesigen Affen (King Kong) bis zu den absonderlichsten Erscheinungsmöglichkeiten im Zeichen des Schreckens von Menschen und Tierwelt, im womöglich unendlichen Universum.

Ganz klar und einfach, bei einem derartigen Prozess kann es mit Sicherheit keine Seele geben. Und ganz klar, wenn Leben aus an sich toter Materie besteht, muss es folgerichtig auch wieder zu toter Materie, durch Tod, verenden. Ob nun Lebenskeime durch Meteoriten auf unsere Erde gelangten oder ob sie chemisch, molekular, atomar auf der Erde selbst entstanden, wäre doch völlig egal.
So nimmt man auch an, dass unsere Meere durch riesige Eis-Meteoriten entstanden sein sollen. Und so weiter und so fort.

58

Die Natur kocht auch nur mit Wasser!

Zu 70 % besteht unsere Erdoberfläche aus den 7 Weltmeeren. Und der Mensch besteht ebenfalls zu etwa 90 % aus Wasser. Wo gäbe es, bei derartigen Naturprozessen aus an sich toter Materie, eine unsterbliche Seele? Niemals, nie und nimmermehr. Der Mensch müsste hier aufhören zu träumen, denn diese Götter, an die er womöglich noch glaubt, gibt es nicht. Von Natur aus hat hier der Mensch, noch Tier, keine Seele. Alles Beten in der Not des Menschen wäre hier vergebens. Gott könnte niemals helfen, da es keinen Gott gibt.

Gott hat sich bisher nicht vorgestellt, um der Not ein Ende zu machen. Den Einwand kennt man, sonst hätte der Mensch keinen freien Willen mehr. Wäre also ein Mensch ein guter Mensch gewesen, dann käme er durch seine Seele zu Gott in den Himmel. Dies wiederum kann nicht sein. Deshalb verweise ich auf Gott meiner Philosophie und den erdachten Planeten Paradies hin. Wer könnte sich ein besseres Paradies ausdenken?

Da wir nicht in einem derartigen Paradies leben, kann es auch keine Götter im herkömmlichen Sinn in der Natur geben. Dagegen könnte der Gott meiner Philosophie sehr wohl der Sinn des Lebens und der Welt sein.

Denken Sie darüber nach!

Wie viele Menschen mussten sterben überall auf der Erde, von Anbeginn des Lebens, bevor die größten Weltreligionen überhaupt anfingen zu existieren? So gab es im Alten Ägypten oder in der Antike, bei den Inkas, Naturvölkern auf der ganzen Erde, im alten Rom ganz andere Götter und Mythen. So eben auch bei den Germanen, Wikingern usw. Man stelle sich vor, wir hätten Derartiges alles erleben können. LIVE! Wie Gott meiner Vision. Gott könnte hier alles gewesen sein, vom König der Inkas, Alexander der Große, Pharao bis hin zu Cäsar. Gott hätte bei den Germanen leben können, Wikinger sein können oder was auch immer. Man müsste sich Derartiges nur vor Augen halten und deren verschiedene Welten. In Ägypten, zur Zeit der Pyramidenbauten, wo Sklaven wie Ameisen deren Bau bewerkstelligen mussten. Die Pracht an allen Fürstenhöfen und deren verschiedensten Zeremonien, Sitten und Gebräuche.

Ein Abenteuer sondergleichen! Mit Feuer, Streitaxt und Schwert!

Als Cäsar den Dolchen der Verschwörung zum Opfer fiel, sollte dies für Gott nur ein neuer Anfang sein. Ein neuer Anfang für ein neues Leben. Ganz woanders hier auf unserer Erde oder innerhalb auf anderen Planeten eines womöglich unbegrenzten Kosmos.
Nehme man an, Cäsar war Gott.

*Völkerkundliche Forschungen lassen erkennen,
dass es in der Welt kein Volk (Volksstamm) ohne
religiöses Leben und religiöses Brauchtum gibt oder gab.
Religion ist das Streben nach dem Göttlichen, dem
Ewigen, Unsterblichen. So gibt es in allen religiösen,
philosophischen Betrachtungen die verschiedensten
Wege und Ansichten, die IHN dem Ziel, dieses
Sehnens zu Gott, näherbringen soll. So konnte und kann
man auch heute noch sich nicht vorstellen, dass
durch den Tod alles vorbei wäre...*

Religion ist von Gott meiner Vision gewollt und im Erbgut des
Menschen festgelegt. So auch jeder Fortschritt, je nachdem wo Gott
die Grenzen zieht. So überlässt Gott auch vieles dem Zufall. Dies
wäre dann das Produkt eigener Fantasie.

Jede Religion, seit Menschengedenken, geht auf eine
Stifterpersönlichkeit zurück. Jede Stifterpersönlichkeit beruft sich auf
eine Offenbarung oder göttliche Offenbarung. Zu Anfang betrachtete
man den Buddhismus als eine Schule innerhalb des Hinduismus, das
Christentum anfangs als eine Sekte des Judentums. Eine Religion
zerfällt im Verlauf ihrer geschichtlichen Entwicklung in
Konfessionen, Sekten usw. Durch Jesus Christus entstand das
Christentum mit womöglich 2 Milliarden Anhängern (Gläubige)
heute. Der Islam entstand durch Mohammed um 610 etwa mit seiner
spezifischen Kultur. Der Buddhismus entstand durch Buddha 530 vor
Christus etwa. Mit vielen Gläubigen heute.

Ob nun der Mensch von Gott meiner Philosophie oder von Natur wäre, die Bewunderung solcher Kulturen wäre die gleiche.

Möglicherweise befindet sich die Schöpfung Gottes am Anfang und unser blauer Planet Erde wäre der einzige mit Leben im Kosmos. So hatte Gott meiner Vision genügend Zeit, die Schöpfung von Anbeginn bis in unsere Zeit in aller Ruhe zu genießen. So hätte er sicher ein Leben geführt, auch bei allen Naturvölkern der Erde, die keinen nennenswerten Fortschritt durch die Zeiten bis heute aufzuweisen hätten. Bei den verschiedensten Indianerstämmen Nord- und Südamerikas. Als es noch gar keinen Wilden Westen gab. Alles, aber auch alles hätte Gott in aller Ruhe genießen können, als würden wir, zum Beispiel, 4 Wochen Urlaub bei den Indianerstämmen am Amazonas oder bei den Menschenfressern auf Borneo gebucht haben. Sicher gibt es auch heute noch Volksstämme, die von unserer Zivilisation noch nicht erreicht wurden. Könnte man sich in jene Zeit zurückversetzen, wo alles noch echt war, bei den Indianer-Volksstämmen Nord- und Südamerikas zum Beispiel und ohne Reisebüro, wie Gott, um deren Lagerfeuer tanzen.

Welch ein Abenteuer!

Hier hat man eine genaue Vorstellung, weshalb Gott meiner Vision nicht nur den Planeten Paradies gewollt hat.

Religion ist von Gott gewollt.
Hier einige Beispiele.
In der Philosophie der Religion geht es um Glaube
und nicht um beweisbare Wahrheit.

Glauben ist gut,
Wissen wäre besser.

Im Kern geht es bei jeder Religion um das gleiche Ziel. Man geht
davon aus, der Mensch hätte eine Seele, die je nach den Lehren einer
Religion in das Paradies, ins Nirwana, ins Jenseits, zu Gott, zu etwas
Übernatürlichem käme, wenn man getreu nach dessen Lehren gelebt
hätte. Bei manchen Religionen, zum Beispiel so der Islam oder beim
Christentum, gibt es auch eine Hölle und ein Jüngstes Gericht. Engel
und sogar den Teufel soll es geben. Wer nichts Gutes tat, käme in die
Hölle und wird gerichtet am Jüngsten Gericht.
Im finsteren Mittelalter und grauer Vorzeit konnte man damit
Menschen beeindrucken und in Angst und Schrecken versetzen. Von
religiösem Wahn, Hexenverfolgung, Folter, Inquisition und
Sonstigem ganz zu schweigen.
Wehe, es sagte im Mittelalter jemand etwas gegen die Religion.
Jedoch wäre verständlich, dass der Mensch sich an etwas
Übernatürliches klammert wie Seele oder Gott.

Der Hinduismus ist wohl die älteste Religion der Welt. Seine
Entstehung wird auf 4000 vor unserer Zeit datiert und repräsentiert
die religiöse Vielfalt des indischen Subkontinents. Im Hinduismus
gibt es viele Götter und Göttinnen, hundert und mehr, ähnlich, wie in
der Antike Griechenlands und Roms. Spezifische Tempelkulturen,
Riten und Gebräuche zieren dementsprechend diese Kulturen.
Brahma wird meist mit vier Köpfen und vier Armen auf einem Thron
dargestellt. Demgegenüber gibt es auch monotheistische Religionen,
wie Gott Vater, Jahwe, Allah (Judentum, Islam) oder eben auch
meine Philosophie, die ebenfalls nur von einem Gott-Schöpfer
ausgeht.

Hinduismus: Erlösung, von dem ewigen Kreislauf der Wiedergeburt erlangen und mit dem Göttlichen verschmelzen. Seele geht durch viele Reinkarnationen (Wiedergeburt) bis zur Erlösung. Zum Hinduismus gehört das Kastenwesen. Die Kasten teilen die Menschen in Kasten. Brahmin, Kshatriya, Vaishyia und Arbeiter, Handwerker und Diener (Shudra). Die niedrigsten Kasten, früher die Unberührbaren, sind gezwungen, ein Leben in extremer Armut und im Elend zu leben. Die Zugehörigkeit zu einer Kaste ist durch Geburt festgelegt. Buddha, Mahatma Gandhi (Hinduführer) usw. Sozialreformer versuchten vergeblich die Kasten (Varnas) abzuschaffen.

Aber gibt es derartige soziale Verhältnisse nicht schon seit Menschengedenken? So auch heute noch in allen Bereichen menschlichen Lebens. Im alten Griechenland, zur Zeit der Antike, hatte jede vornehme Familie mindestens 50 Sklaven, die auch in Bergwerken schuften mussten. Dagegen hat der Maharadscha von Indien früher ein ganzes Haus voller Frauen (Frauenhaus). Und beim Islam gibt es den Harem. Vom Verkauf von Frauen, Kindern, Sklaven usw. ganz zu schweigen, nicht nur in Indien. Attila, der Hunnenkönig, nahm sich ohnehin viele Frauen mit Gewalt und hatte über 100 Kinder. Ja, so ist die Welt außerhalb aller paradiesischen Prinzipien.
So ist das Leben in der Hölle.

Historisch gesehen ist der Buddhismus aus der Vielfalt des Hinduismus hervorgegangen. Der Islam vervollständigt und vervollkommnet Gottes Offenbarung, die mit dem jüdischen und christlichen Glauben begonnen hat. Nach der Auffassung des Islams. Mehr über den Buddhismus, Judentum, Christentum und den Islam auf den folgenden Seiten. Dies muss sein, damit der Mensch ein Bild bekommt von der Welt, in der er lebt, nur andeutungsweise. Um auch den wahren Gott meiner Philosophie verständlich zu machen.

Jeder Mensch, wenn er möchte, kann sich näher mit Religionen und Wissenschaften befassen. Wenn er durch dieses Buch Anregung dazu erlangt hätte.

Möglicherweise hat Gott meiner Philosophie zigtausende paradiesische Planeten, wo es auch die verschiedensten Religionen gäbe. Eine zauberhafter wie die andere. Verschiedene Kulturen, die nach einer gewissen Zeit keinen nennenswerten Fortschritt mehr aufzuweisen hätten. (Wie Mittelalter, Antike, Wildwest usw.) So könnte Gott zum Beispiel zu jeder Zeit sämtliche Zeitepochen erleben, wenn er möchte. Doch überall, wo es Religionen gäbe, nehme man an, Gott meiner Philosophie wäre der Schöpfer, beginnt die Lüge. Man sagt ja, wer lügt, ist ein Verbrecher. Doch bei Gott wäre dies kein Verbrechen, weil es so groß wäre?
Wäre der Mensch von Natur, ist Religion normal und menschlich verständlich. So haben alle Religionen ihre heiligen Schriften. Eine so märchenhaft schön wie die andere. So märchenhaft schöne Gebete, dass man meinen könnte, es entspreche der Wahrheit. Beim Christentum das Vaterunser oder der Rosenkranz oder was auch immer innerhalb aller Religionen. Heiligenverehrung der Mutter Gottes Maria, riesige Buddha-Statuen und so weiter und so fort. Alles entspricht eher der hohen Kunst der Dichtung und Kunst schlechthin. Oder es wäre eben die höhere Wahrheit und Kunst Gottes meiner Philosophie.

Das Christentum lehrt, dass es im Menschen nichts gibt, was von sich aus unsterblich wäre. So gibt es auch keine Seele im Menschen. Die Kirche lehrt die Auferstehung des Fleisches und das ewige Leben, beim Jüngsten Gericht? Jesus, Heiliger Geist und Gott-Vater sei eine Person. Gott sei allgegenwärtig und würde jeden Menschen kennen. Selbst wenn heute das Jüngste Gericht wäre hätten derart viele Menschen wohl kaum genügend Platz auf unserem kleinen Planeten. Derartiges und vieles mehr kann niemals der Wahrheit entsprechen. Denken Sie darüber nach.

65

Die Befreiung vom Leide
Der Buddhismus

Ich nehme meine Zuflucht zum Buddha!
Ich nehme meine Zuflucht zur Lehre!
Ich nehme meine Zuflucht zur Gemeinde!
(Buddhistisches Bekenntnis)

Der Fürstensohn Siddhartha Gautama, der spätere Buddha, Erleuchtete, lebte etwa bis 480 vor Christus in Indien. Er war reich und hatte eine Frau und einen Sohn, der später ein Anhänger seines Vaters wurde.

Von Krankheit, Alter und Tod zutiefst erschüttert und in seinem inneren Frieden gestört, verließ er etwa 530 vor Christus Heim und Familie und zog in die Einsamkeit. Nach siebenjährigem Streben nach Erleuchtung fand er schließlich die „vollkommene Erleuchtung": Bodhi. Er wurde ein Buddha.

Der Buddha wollte die Menschen aus dem Verlangen irdischer Güter und ihrem Egoismus erlösen und predigte eine höhere Realität, die höhere Wirklichkeit des Nirwana. In Benares, wo er die erste Predigt über seine Lehre von den „Vier heiligen Wahrheiten", 1. vom Leide, 2. von der Ursache des Leidens, 3. von der Aufhebung des Leidens und 4. von dem zur Aufhebung des Leides führenden Pfad, hielt. Das Leid wird aufhören, wenn wir das Nirwana erreicht haben. Dies wäre ein Seinszustand, wo wir das Wesen unserer Existenz erkennen und keine Begierde mehr fühlen würden.

Das Nirwana lässt sich auf dem 8fachen Pfad erreichen. 1. rechte Einsicht, 2. rechte Gedanken, 3. rechtes Reden, 4. rechtes Handeln, 5. eine rechte Lebensgrundlage, 6. rechtes Bemühen, 7. rechte Achtsamkeit und 8. rechte Konzentration.

Ein Buddhist vermeidet Diebstahl und Lüge.

Dies alles entspräche dem Wahren, Schönen,
Guten und wäre somit rechtens!

66

Der Buddha hatte sich jede Verehrung seiner Person verbeten. Dennoch entwickelten seine Anhänger später einen Kult um ihn, schmückten sein Leben mit zahlreichen Legenden und Wundern aus und erhoben ihn sogar zu einer Gottheit. (Dies war auch so bei der Person Jesus Christus und der Maria, Mutter Gottes.)

Der Buddhismus hat, wie alle großen, philosophischen, religiös denkenden Lehren, auch seine spezifische Kultur. Die zumeist aus den Lehren aller Religionsstifter hervorgegangen sind oder sich dementsprechend entwickelt haben.
Im 6. Jahrhundert vor unserer Zeit entstand in China die Philosophie des Taoismus. Lao-Tse, der Gründer des Taoismus, beispielweise fordert seine Anhänger dazu auf, die Rastlosigkeit und das Streben nach Reichtum hinter sich zu lassen. Sich der Meditation und Einfachheit zu öffnen.

Der Zoroastrismus ist eine der ältesten heute noch existierenden Weltreligionen. Begründet auf die religiöse Dichtung von Zarathustra, der um 1600 bis 1400 vor unserer Zeit in Persien, dem heutigen Iran, lebte. Der Zoroastrismus ist eine monotheistische Religion. Zoroastrier folgen einem 3fachen Pfad: „Gute Gedanken, gute Worte, gute Taten". Sie bekämpfen das Böse, Ungerechtigkeit, Schmerz und Leid. Auf diese Weise erfüllen sie Gottes Wille und erreichen das ewige Leben (Kernglaube).
Das Feuer symbolisiert Gerechtigkeit, Reinheit und innere Erleuchtung: das Göttliche. Es gibt somit heilige Feuertempel.
Zusammenfassend könnte man sagen, es würde sich immer lohnen, ein guter Mensch zu werden oder zu sein. Man sollte sich immer nach dem Wahren, Schönen, Guten richten und danach leben. Und sollte das Ziel unserer Menschheit sein.
Im Sinne, ein guter Mensch in seinem dunklen Drange ist sich des rechten Weges wohl bewusst (aus Goethes Faust). Der Edle duldet nicht, dass in seiner Welt etwas nicht in Ordnung ist (aus dem Buddhismus). Viele Wege führen nach Rom oder zu Gott, könnte man sagen. Jede Religion interpretiert diesen Weg anders, meint aber dasselbe.

Einen Gott, der im Himmel wäre und jeden Menschen kennen würde seit Anbeginn, und womöglich lebt die Menschheit ewiglich, wie viele Generationen milliardenfach wären dies, kann es nicht geben. Da hätte er viel zu tun, wollte er womöglich noch alle richten (Jüngstes Gericht). So kann es auch keine Hölle geben, wo Menschen ewiglich Höllenqualen erleiden müssten, egal wie schlecht sie gewesen waren. Dies wäre unter der Würde eines Gottes und unbarmherzig.

Dann wäre ein schlechter Mensch einfach nur nach dem Leben tot und nur gute Menschen sehen das Licht Gottes oder das ewige Leben.
Dies wäre mein privater Glaube und ist immer so gewesen und wird auch so bleiben, bis man beweisen könnte, dass der Mensch, noch das Tier, keine Seele hätte. Doch nehme ich in erster Linie an, dass es nichts Übernatürliches gibt.

Meine Religion wäre in diesem Sinne zu verstehen, dass ich mich meinem Gewissen gegenüber verpflichtet fühle. So könnte man aber auch sagen … Seele-Geist-Gewissen-Gott, ist nur eine Einbildung-Redewendung, eine Fata Morgana oder eine Illusion. Welche es in Wahrheit nicht gibt. Fühlen, Erleben, Denken, Psyche usw. sind Ergebnisse unserer Sinnesorgane, sind physikalische Vorgänge, molekularer chemischer Natur. So auch, wenn ein Mensch träumt … Gut und Böse ist eine instinktmäßige Naturtatsache. Mensch und Tier setzen ihre Interessen und Wünsche mit Gewalt durch. (Ameisen und Termiten usw.) Bringen sich auch (wie der Mensch) gegenseitig um und führen Kriege. Der Mensch ist nur ein höher entwickeltes Tier und das einzige Vernunft begabte. Der Charakter und die ganze Persönlichkeit spielen auch eine Rolle, wie mehr oder weniger das Böse im Guten eines Menschen thront. Von Geisteskrankheiten ganz zu schweigen oder wie je nachdem die Umstände lagen. Gott meiner Philosophie könnte die Antwort auf alles sein. Gibt es ihn, wird der Mensch niemals alle Mechanismen enträtseln können.

Solange nicht erwiesen wäre, dass es Gott meiner Philosophie nicht gäbe, so lange wäre auch dies möglicherweise noch eine Realität. So bewundert der heutige, moderne Touristenmensch fremde, bezaubernde Kulturen der Vergangenheit und Gegenwart auch in religiöser Hinsicht. Neben anderen weltlichen Dokumenten. Und gehört zu den Erlebnissen eines modernen Urlaubs. So würde es sich eben auch mit dem wahren Gott-Schöpfer verhalten. Als hätte er ewigen Urlaub, durch alle Zeiten und Wandlungen.
Jedoch kann es keine Erlösung vom Leide und dem Tode geben, wessen Lehre oder religiöser Weg dies auch wäre. Da der Mensch, noch Tier, gar keine unsterbliche Seele besitzt, nach unserer heutigen Naturwissenschaft und nach meiner Philosophie über einen

möglichen Gott-Schöpfer. Die eventuell ins Nirwana eingehen könnte, zu Gott oder sonst wohin.

Alle Religionen der Vergangenheit und noch bestehende wären unrealistisch im Kern und würden nicht der Wahrheit entsprechen.

Hier wird der wahre Gott meiner Philosophie überall auch auf die verschiedensten Arten und Weisen verehrt, ohne dass man je das wahre Wesen eines Gottes erkannt hätte noch erkennen würde.

Dass das Tier keine Seele hätte, könnte man sich gut vorstellen, geschweige denn Insekten oder kleinste Getiere oder Lebewesen mikroskopisch klein usw.

*Da der Mensch aber ebenfalls aus tierischer Rohheit herrührt, sich entwickelt hat, zu den heutigen Kulturen und allem Fortschritt, wo sollte es da eine unsterbliche Seele geben. Jeder Mensch mag sich, wenn er möchte, näher mit Religion beschäftigen. So auch über den Mikrokosmos, Makrokosmos oder das Universum schlechthin **oder was auch immer**, um sich so eine eigene Meinung zu bilden.*

Noch zu bedenken wäre, weshalb müssen Tiere leiden und sterben, wenn Adam und Eva gesündigt haben im Paradies? Was können die armen unschuldigen Tiere dafür, nach der Schöpfungsgeschichte der Bibel, nach dem Sündenfall. Da wäre die Meinung der modernen Naturwissenschaft realistischer, wonach alles Leben durch Zufall entstand.

69

Nur soviel, andeutungsweise, noch über das Judentum,
Christentum und den Islam.

In der Erwartung des Messias!
Das Judentum.

Höre Israel, Er, unser Gott, ER Einer!
So liebe denn Ihn, deinen Gott mit all deinem Herzen,
mit deiner Seele, mit all deiner Macht (Moschee).

Die jüdische Religion ist etwa 4000 Jahre alt, abrahamitische
Glaubensrichtungen. Die Ursprünge gehen bis Abraham zurück. Jede
Religion hat heilige Schriften, beim Judentum wäre es die hebräische
Bibel, von den Christen als Altes Testament bezeichnet und
übernommen. Der Judaismus lehrt Folgendes: Gott ist der Schöpfer
der Welt (siehe Altes Testament, Adam und Eva im Paradies usw.).
Gott wird die Welt eines Tages von dem Bösen erlösen. Gott wird
einen Messias senden (Juden glauben nicht, dass Jesus Christus der
von Gott gesandte Messias war). Die Juden sind das auserwählte
Volk Gottes.
Das Judentum und der Hinduismus entstanden bereits vor dem
griechischen Altertum. So trennen sich Welten. So gab es das
Ägypten mit seinen Pyramiden und Pharaonenhöfe und deren Pracht
und eigenen religiösen Vorstellungen. Von den Inka-Reichen
Südamerikas und deren Kultur und Religion wusste kein Mensch
etwas bis zur Entdeckung Amerikas. So trennen sich Welten usw.
In einem brennenden Dornbusch, der doch nicht verbrannte, erschien
Moses die Stimme Gottes, die ihn aufforderte, die Juden aus Ägypten
in das Gelobte Land zu führen. Die 40-jährige Wanderung wird auf
die Zeit zwischen 1280 und 1240 geschätzt. Auf einem Berg hatte
Moses wieder eine machtvolle Erscheinung Gottes, auf zwei Tafeln
die 10 Gebote, die Grundlage des jüdischen Religionsgesetzes sind,
mit 248 Geboten und 365 Verboten, empfangen. Mehr über
Geschichte siehe die Bibel (Altes Testament).

Die Erlösung durch Gottes Sohn.
Das Christentum.

Ich bin das Licht der Welt.
Wer mir nachfolgt, der wird nicht wandeln in der Finsternis,
sondern wird das Licht des Lebens haben.
Wahrlich, wahrlich ich sage euch, so jemand mein Wort wird halten,
der wird den Tod nicht sehen ewiglich (Jesus Christus).

Christus wurde um das Jahr 7 vor unserer Zeitrechnung in Bethlehem
(Palästina) geboren. Er trat als Prophet und Lehrer auf. Bei der
jüdischen Geistlichkeit stieß er aber auf Ablehnung und Feindschaft.
Auf ihr Betreiben wurde er um seiner Lehren willen am 3. April 33
auf dem Hügel Golgatha bei Jerusalem gekreuzigt. Nach der
neutestamentlichen Überlieferung ist er am 3. Tage von den Toten
auferstanden und fuhr dann, vor den Augen der Jünger, vom Ölberg
bei Jerusalem gen Himmel empor. Zehn Tage später kam der Heilige
Geist auf die in Jerusalem versammelten Jünger herab, die fortan die
Erlösungsbotschaft ihres Herrn verbreiteten. Die Anhänger Jesu
wurden als Christen bekannt. Diese Urchristen lebten in enger
Gemeinschaft, sie teilten Essen, Geld usw. Mehr über die Geschichte
siehe die Bibel (Neues Testament).

Kein Gott, außer Gott.
Der Islam.

Kein Gott ist außer Gott und Mohammed ist Gottes Gesandter.
Glaubensbekenntnis des Islams.

Der Islam wurde im 7. Jahrhundert von Mohammed in Arabien
gestiftet. Nach seiner Erwählung zum Propheten durch Gottes

Offenbarungen predigte er 10 Jahre von einem Gott „Allah",
Jüngstem Gericht usw. Schließlich war ihm 630 fast ganz Arabien
untertan. 632 starb Mohammed als Herr ganz Arabiens. Es folgten
ihm die Stellvertreter (Kalifen). Unter ihrer Herrschaft durch
Eroberungen wurde das arabisch-islamische Weltreich gegründet.
Größer als das römische Weltreich! Das gesamte Rechtswesen fußt
auf dem Koran (Heilige Schrift, Gottes Wort). Ähnlich wie beim
Christentum gibt es beim Islam auch ein Paradies, Garten Eden, wo
die Pflichtgetreuen hinkämen. Dort werden sie kein Geschwätz
hören, sondern nur: Friede!
Und sie werden reine Gattinnen haben. Wer nichts Gutes tut, der
schmeckt das Höllenfeuer, das ihr als eine Lüge erklärtet! Seine
Stätte wird die Hölle sein. Und wie erkennst du, was sie ist. Ein
glühend Feuer! Ihr werdet die Hölle sehen, ja ihr werdet sie sehen
mit dem Auge der Gewissheit. Ähnlich wie beim Christentum ist
auch die Rede vom Teufel oder Teufeln und Engeln usw.
Mohammed war ein großer Feldherr, Gesetzgeber, religiöser
Erzieher und Staatsmann, obwohl er nie eine Schule besucht hatte
und Analphabet war.
Im 18. Jahrhundert gab es ebenfalls im islamischen Bereich einen
neuen Propheten, der behauptete im Sinne Gottes zu handeln. Er
ergänzte die heiligen Schriften des Islams und begründete somit eine
eigenständige Glaubensgemeinde. Diese besteht heute noch. Er
jedoch wurde hingerichtet. Von allen Hinrichtungen und
Verfolgungen innerhalb des Christentums namentlich im Mittelalter
ganz zu schweigen.
Solche Dinge zeigen eher, dass sämtliche Religionen, die es je gab
oder noch gibt, niemals der Wahrheit entsprechen können. Denken
Sie darüber nach.
Beim Christentum gäbe es eigentlich drei Götter. Gott selbst, seinen
Sohn und die heilige Mutter Gottes Maria. Sie wurde nach der Lehre
der römisch-katholischen allein seligmachenden Kirche zur Gottheit
heraufstilisiert. So wäre auch Maria gen Himmel gefahren wie
Christus (Mariä Himmelfahrt). Was es sonst noch alles gäbe, wie
Teufel, Engel und Heiliger Geist und so weiter und so fort, ganz zu
schweigen.

Dies zeigt auch eher, dass es keinen guten Gott gäbe. So auch keinen rein bösen. Oder sonstiges Übernatürliches schlechthin.
Gott meiner Philosophie wäre schon realistischer und entspräche eher der Wahrheit.
Denken Sie darüber nach. Sieht nicht alles eher danach aus, dass es so wäre? Urteilen Sie selbst am Ende dieses Buches.

Die Größe der Bekennerzahl einer Religion ist allein nicht immer für die Bedeutung einer Religion entscheidend. Einige dieser 8 Weltreligionen sollten hier zum Ausdruck kommen. Von Seelenwanderung und der Annahme, dass Menschen mehrmals leben oder bereits zu früheren Zeiten gelebt hätten oder im nächsten Leben möglicherweise ein Leben als Tier leben müssten und so weiter und so fort, soll hier nicht die Rede sein. Von sonstigem Hokuspokus und Zauber ganz zu schweigen.
So behaupten Menschen, sie seien tot gewesen und hätten ein Licht gesehen. In Wahrheit waren diese Menschen nicht tot. Man träumte, noch wie im Schlaf (Halluzination). Der Mensch denkt mit an sich toter Materie, mit den sogenannten grauen Zellen usw. und nicht mit einer Seele.

Ohne weiteres würde ich hier sagen, dass Gott meiner Vision selbst als Buddha, Moses, Christus oder ebenfalls auch als Mohammed höchstpersönlich in Erscheinung trat, um auch so dementsprechende Kulturen ins Leben zu rufen. Man müsste sich nur Derartiges genau vor Augen halten. Auch solche Persönlichkeiten und deren Leben sind Leben Gottes!
So auch folgerichtig als Kalif! Als Herrscher eines arabisch-islamischen Weltreichs.

So würde ich auch ohne weiteres weiter behaupten, dass Gott Derartiges genau geplant und ausgeführt hat. In deren geeigneten Ausdrucksweisen in Menschengestalt. Gott übernahm deren menschliche Körper mit seiner Seele bereits diese seit dem dritten Lebensjahr oder später, je nach Belieben.

73

Man stelle sich vor, wir könnten uns selbst, auf diese so herrliche Art und Weise, zum Gott innerhalb sämtlicher Religionen und Glaubensrichtungen auf der ganzen Welt, auf unserer Erde oder gar des gesamten Universums krönen lassen. Es wäre für mich eine wohltuende, erhabene, herrliche Sache, mich auf die verschiedensten Arten und Weisen derart anbeten zu lassen.

Außerdem geht es ja bei Menschheiten wie der unseren zum Beispiel nicht ohne Obrigkeit, Führungsschichten oder Führungspersönlichkeiten, Strafgesetzgebung, Polizei, Militär usw. Auch hier kann man Parallelen ziehen ins Tierreich. Die Menschheit ist etwa einem Ameisen- oder Bienenstaat ähnlich. Bei jedem Volksstamm gab es Häuptlinge. Daraus sich wiederum Fürsten, Kaiser und Königtum, Adel usw. bildeten.
Welch ein Schauspiel menschlicher Ereignisse in weltlicher und religiöser Hinsicht und deren einzelner Ranghierarchien zum Vergleich des genannten Planeten Paradies, jenseits allem Bösen und Leiden. Hier könnte man doch ein genaues Bild bekommen, weshalb diesem Gott meiner Vision Derartiges gefällt. Er könnte wie ein Hollywoodschauspieler sämtliche Hauptrollen spielen. Westernheld, Revolverheld, Frauenheld, König der Seeräuber, der gefürchtete Ritter sein oder was auch immer. Welch ein Abenteuer!

Mit Feuer und Schwert, Streitaxt, Faust, Rose und Revolver

Nicht dass Gott dafür sorgen kann, dass hier oder dort Menschengestalten nach seinem Wunsch, die er dann übernehmen könnte mit seiner Seele, geboren werden, nein, er kann auch menschliche Körper, oder was auch immer, spontan entstehen lassen.

74

Sekundenschnell, wessen Alter auch immer. Wie er Derartiges bewerkstelligt, bliebe ein Rätsel. Jedoch andeutungsweise aus dementsprechend mikroskopisch kleinen Zellen. Dementsprechend auch menschliche Körper aus unverwundbarer Materie. Wie Roland, der Sage nach mit dem Schwert in der Hand ein ganzes feindliches Heer alleine die Sarazenen in Schach haltend! Auf diese Art und Weise könnte Gott sämtliche Schlachten, deren verschiedenen Lärm, Geschreie und Schlachtengetümmel ohne Schmerz und Leid wie ein Wunder immer überstehen (überleben). Gott wäre auch so in seiner Kraft allen Feinden milliardenfach überlegen, soeben in jeder Hinsicht, andeutungsweise. Wäre so Gott in der Rolle Christus mit einem normal menschlichen, fleischlichen Körper am Kreuze gestorben, so hat er auch hier Möglichkeiten, solches ohne Schmerzen und Leiden zu überstehen.

Gott in seiner Allwissenheit könnte überall studieren, um Arzt zu werden oder was auch immer, und die Schulbank drücken, nur so, eben zu seinem Spaß und Vergnügen. Gott spielt seine Rolle immer perfekt, welche Rolle es auch sei.

Nehme man hier an, einen derartigen Gott meiner Philosophie gäbe es nicht, wie sollten dann überhaupt andere Götter existieren? Oder weshalb sollte es dann überhaupt etwas Übernatürliches geben?

In diesem Sinne, wäre meine Philosophie von Gott doch so noch von Nutzen!
Weil dadurch möglicherweise erkennbar wird, dass es nichts Übernatürliches geben kann.
So hat der Mensch oder das Tier garantiert keine Seele und der Gott meiner Philosophie wäre nur das Produkt meiner Fantasie.

Der Mensch hat also von Natur aus keine unsterbliche Seele. Er muss sie sich höchstenfalls selbst verschaffen, wenn er kann, damit die Revolution der Revolution stattfinden kann.

Wenn eines Tages die moderne Naturwissenschaft alles, aber auch alles erforscht hat, welches dazu notwendig wäre, beweisen zu können, dass es nichts Übernatürliches gibt, noch jemals Derartiges bestand, wie Gott zum Beispiel, dann wären die Würfel gefallen. Die Menschheit in ihrer Unsterblichkeit würde dann unendlich bestehen, angenommen, dann wären alle Ansichten zu Gott oder zu etwas Übernatürlichen nur eine Episode gewesen. Ein kurzes Aufflackern einer Flamme in der womöglich unendlichen Geschichte der Menschheit. Lügen oder die Unwahrheit hätten hier kurze Beine gehabt und ehrlich (DIE WAHRHEIT) währt am längsten. In der unendlichen Geschichte der Menschheit hätte Gott keinen Platz mehr und die Wahrheit hätte einen Sieg davongetragen.

Aber die Würfel sind noch nicht gefallen!

Daher könnte meine Vision von Gott sehr wohl der Wahrheit entsprechen, solange nicht das Gegenteil bewiesen wäre. Dies möge ebenfalls für sämtliche religiösen Glaubensbekenntnisse gelten usw., oder es möge gerne jeder Mensch glauben, was er möchte.

Jedoch Glauben heißt nicht Wissen!

Erschreckender noch ist die Tatsache, nach meinem Glauben, dass dieses Wesen Gottes meiner Philosophie in jedem Menschen vorhanden ist, mehr oder weniger bewusst. Sonst gäbe es auch nicht gottähnliche Menschen auf unserer Erde und innerhalb unserer Menschheitsgeschichte, die nach diesem Wesen-Gottes meiner Philosophie ihr Unwesen trieben.

Gott meiner Vision und die kleinen Götter unserer sterblichen Welt sind und bleiben stets vom gleichen Schlag und sind so wunderlich als wie am ersten Tag.

Dies ist es auch, was uns Menschen so göttlich und gottähnlich macht. Schließlich sind wir ja das Ebenbild Gottes und Gottes Kinder. Und stehen somit über dem tierischen Leben. Gibt es Gott meiner Vision, wäre er der Sinn des Lebens und der Welt und alles, aber auch alles hätte darin seinen Sinn und deren tiefere Bedeutung. Jeder Mensch spielt hier seine Rolle, wie in einem großen Hollywoodfilm, und wäre er nur Statist oder Sklave oder was auch immer. Dies wäre eben alles in allem die göttliche Komödie, Tragödie oder was auch immer, und so weiter und so fort. Nur in Filmen könnten wir noch erleben die wilden Horden Attilas oder die des Dschingis Khan. Das alte Rom und die Sklaven. Das Forum Romanum, das alte Pompeji oder das alte Athen. Die Streitwagen Roms oder die der Perser. Aufmarsch der Gladiatoren oder sonstige Ereignisse im Kolosseum Roms.

Dies halte man sich alles vor Augen!

So bewundern wir heute auch durch Filme die Kriegskünste Cäsars oder die Alexanders des Großen und dessen makedonische Walze. Kriegsbilder und Schlachtfelder der verschiedensten Art durch alle Zeitepochen tauchen hier aus dem Dunkel auf. Von den Gräueltaten mesopotamischer Kriege bis hin zu den Gräueltaten des Dreißigjährigen Krieges (1618 bis 1648) und den gefürchteten schwarzen Panzerreitern des Wenzel Eusebius von Wallenstein.

Von gigantischen Schlachten alter Zeiten, dem spektakulären Epos „Troja" usw.

Oder von den sagenumwobenen Schlachtfeldern Napoleons, Jena und Auerstedt, Austerlitz oder Waterloo bis hin zu den großen Materialschlachten des Ersten und Zweiten Weltkrieges. Blutrot ging die Sonne über Austerlitz unter.

So wurde eben, weiß Gott, schon vieles verfilmt, von allen Zeitepochen bis hin zu allen Zukunftsvisionen, wo sich verschiedene Welten im womöglich unendlichen Kosmos bekämpfen. So bewundern wir die Ruinen längst vergangener Kulturen. Burgen und Schlösser und die verschiedensten Kulturen der Erde. Wie zum Beispiel die des Islams und deren Bauten, wie aus einem Märchen aus tausendundeiner Nacht. Kathedralen, Dome und Münster und so weiter und so fort.

Gott meiner Vision hätte alles erleben können. Live.

Während wir uns damit begnügen müssen, unsere Zeit erleben zu dürfen. Welche Rolle wir auch immer in unserem Leben und dessen Zeitepoche spielen oder spielen müssen. Gott könnte immer die Hauptrolle übernehmen durch alle Zeitepochen, wenn er will.

Gott ist immer der Herr aller Zeiten!

Noch erschreckender ist die Tatsache, nach meinem Glauben, dass jeder Mensch es ebenfalls Gott gleichtun würde, wenn er Gott wäre oder sein könnte wie Gott von **ANBEGINN! ALLWISSEND!**

Die Perspektiven, die sich alle daraus ergeben, durch alle Zeiten, zwischen Krieg und Frieden. Ob man so durch die Gassen aller Zeiten schreitet, es ergibt sich ein Bild der <u>MAGIE</u> und des <u>MYSTERIUMS</u>. Vermittelt den Pulsschlag eines wahren <u>LEBENS</u>.

Bei soviel Ausgeklügeltheit der Welt und des Lebens könnte man annehmen, es gäbe in der Tat einen Schöpfer – Welt. Den Gott meiner Fantasie. Unsere Autos, moderne Düsenjets oder was es auch immer sei, entstanden ja nicht von selbst, sondern setzten den denkenden Menschen voraus.

Geht man jedoch davon aus,
dass Leben ohne Schöpfer entstand,
dann ergeben sich folgende Perspektiven.

Alles hat klein angefangen,
ob dies die ersten primitiven Lebensformen
nach unserer heutigen Naturwissenschaft waren,
aus denen sich unser heutiges kompliziertes
höher entwickeltes Leben, voran der Mensch,
entwickelt hat, oder ob dies durch alle Zeiten
vorhandene verschiedenartige Staats- oder Religions-
Ideologien waren oder es noch sind.
Dies gilt für alle Dinge,
die unsere heutige moderne Zeit prägen
oder die Zukunft verändern. Wie die Entwicklung aus
militärischer Sicht unter vielem anderen
von der Streitaxt bis zur Atombombe.
Vom ersten Tauschhandel bis hin zur ersten
Geldmünze
und unserem heutigen, komplizierten,
undurchschaubaren Geld-Währungs-Welt-
Wirtschaftssystem.

Der Kronzeuge des Lebens, aus an sich toter Materie, wäre der Tod!

Es entstand ein winziger Punkt, welchen wir Erde nennen, im womöglich unendlichen Universum. Der sich genau im richtigen Abstand um eine lebensspendende Sonne dreht. Ob nun sämtliche chemischen Voraussetzungen, um Leben entstehen zu lassen, wie Wasser, Lebenskeime usw., durch Meteoriten verursacht wurden, oder ob alle Voraussetzungen für Leben auf der Erde entstanden wären, ist hier unwichtig.

Meine ganz persönliche Meinung (Glaube) wäre, dass beim WUNDERLEBEN sich zuallererst, am Anfang, zu Urzeiten, chemisch, sozusagen LEBENSKEIME/LEBENSKERNE entwickelt haben.

Der **LEBENSKERNE** willen, und weil der Sinn solcher die Vermehrung war, entstanden wiederum dadurch zu **URZEITEN** die ersten **PROTOZELLEN**. Aus denen sich wiederum alles Leben, in seiner Vielzahl an Artenreichtum, entwickelt hat. Durch Evolution und Mutation, durch Milliarden Jahre hindurch, entstand sozusagen der gesamte Kreislauf des Lebens im Kosmos, oder nur auf einem winzigen Punkt, welchen wir Erde nennen. Würde hier, auf einem winzigen Punkt einmal Leben erlöschen, aus welchen Gründen auch immer, so würde irgendeinmal, im Sinne der immerwährenden **NEUSCHÖPFUNG** im Kosmos neues Leben entstehen, innerhalb der **UNENDLICHKEIT**. Entdeckt unsere heutige moderne Naturwissenschaft einmal diesen **LEBENSKERN**?

Unter einem besseren Mikroskop der Zukunft?

81

Durch das Gezwungensein, Nahrung aufzunehmen aller Lebewesen, um überhaupt Leben auf Zeit zu erhalten, ergibt sich der gnadenlose Kreislauf des Lebens von Fressen und Gefressenwerden. Auch durch dieses Gesetz der Natur starben bereits zu Beginn des Lebens viele Lebensarten aus. Lebenskerne entstehen heute möglicherweise nicht mehr. Dadurch kann man auch nicht mehr näher oder beobachten, wie etwa Leben neu entstehen würde. **Dies geschah vor Milliarden Jahren nur ein einziges Mal.**

Der Weg bei allem höheren Leben war zum Zwecke der Vermehrung die Abspaltung, deren Entwicklung in zwei Lebewesen. Nämlich in männlich und weiblich! Dies war der Wille aller verschiedensten Lebenskerne für Leben.

Beim menschlichen und tierischen Leben ist der Weg der Fortpflanzung und der Weg der Vermehrung wunderbarer und komplizierter. Liebe ist hier auch eine chemische Reaktion und muss folgerichtig für alle Lebensarten das Schönste im Leben sein. Sonst wäre alles Leben bereits erloschen!

Lebenskerne, ist dies des Pudels Kern? War dies des Pudels Kern?

Wie bereits schon erwähnt, man würde noch nicht einmal so sehr am Ziel vorbeischießen, wenn man in der Tat annimmt, dass der tiefere Sinn in allen Kriegen und Schlachtplänen der Menschheitsgeschichte insgesamt die Fortpflanzung und Arterhaltung und deren Vermehrung wäre. Ob dies Hitlers Überfall auf die Sowjetunion im Zweiten Weltkrieg war, zwecks Lebensraum im Osten, oder ob dies andere Dinge wären, innerhalb unserer Menschheitsgeschichte.

Stellen Sie sich einmal vor, bei uns hätten sich alle Menschenrassen friedlich kennen gelernt. Die Entdeckung Amerikas durch Christoph Columbus (1451 bis 1506) im Jahre 1492 war ein Zufall. Er suchte einen neuen Seeweg nach Indien. Und um zu beweisen, dass die Erde rund ist und nicht flach. Die Erforschung unbekannter Länder ist in der Menschheitsgeschichte nur die Vorbereitung für blutige Eroberungsfeldzüge gewesen. Die „Neue Welt" wurde zum Tummelplatz skrupelloser Räuber. Die Schatzkammer Spaniens häufte sich und viele Länder wurden der spanischen Krone einverleibt. Diesen Weg gingen annähernd alle europäischen Staaten. Fremde Völker und Kulturen wurden vernichtet oder versklavt oder ausgebeutet und unterworfen. Im ausgehenden 19. Jahrhundert hatte der Kolonialismus der Ausbeutung und Unterdrückung ferner Länder seinen Höhepunkt erreicht. Werfen Sie einen Blick auf die Weltkarte und Geschichte damaliger Machtausdehnung europäischer Staaten, auch die Russlands und dessen Ausdehnung nach Osten. Mörderisches Denken, geblendet von Machtgier, Nationalismus und kapitalistischer Imperialismus lösten den eigentlichen Ersten Weltkrieg aus. Der Mord in Sarajevo war nur der Funke im Pulverfass Europas, der somit die Explosion des Ersten Weltkrieges auslöste nach meiner Meinung. Nach dem Ersten Weltkrieg wurden schon wieder die Weichen für den Zweiten Weltkrieg gestellt, namentlich nicht zuletzt durch einen ungerechten wahnwitzigen Friedensvertrag und die Zerstückelung Deutschlands. Befindet sich unsere Menschheit heute ebenfalls auf den Gleisen, die zum Dritten Weltkrieg führen?

Gäbe es jedoch Gott meiner Philosophie, wäre der tiefere Sinn ein anderer. So wie friedliche Planeten von Gott gewollt sind, so sind auch alle unfriedlichen Planeten, wie unsere Erde etwa, bis zur

totalen Hölle gewollt.

Sieht man jedoch von Gott meiner Philosophie ab, so kennt der Wahnsinn des Schreckens keine Grenzen, und der Schrecken aller Schrecken, das ist der Mensch in seinem Wahn. Die Menschheitsgeschichte aus allen Bereichen ist mein Zeuge, dass es so ist.

WO DER WAHNSINN TRIUMPHE feiert, nennt die Weltgeschichte viele Namen, einer von ihnen ist:
„CALIGULA".

Die Straße des Wahnsinns sterblicher Menschen ist weit und man muss nicht alle Haltestellen beschreiben, wollte man sie befahren. So wie die zwielichtigen Schattenseiten des Lebens im Zeichen des Schreckens, die ihre dunklen Schatten über die Menschheitsgeschichte werfen.

Ich aber sage EUCH, der größte SCHRECKEN aller SCHRECKEN, der sitzt da oben auf dem Thron der
„MACHT".

Diese Aussage gilt natürlich nur für da, wo solches der Fall war, ist oder noch sein wird. So kann man ja auch nicht immer alles über einen Kamm scheren innerhalb aller menschlichen Ereignisse. Dies alles, kurz und gut, andeutungsweise, könnten auch die Requisiten Gottes meiner Vision sein, um mehr oder weniger eine Welt dunkel oder hell zu gestalten.

So befindet sich auch unsere Welt zwischen Zwielichtigkeit – paradiesischer Helle und totaler Finsternis. Dadurch ergibt sich auch jenes Wechselspiel in unserem Leben, alltäglichen Leben, und innerhalb unserer Menschheitsgeschichte, zwischen paradiesischer Helle und tiefer schauervoller Nacht.

Die positiven Seiten des Lebens liegen klar auf der Hand. Wäre es nicht herrlich für uns Menschen, wie Gott meiner Vorstellung ebenfalls sämtliche negativen Seiten des Lebens als gut zu betrachten? Sicher gibt es Dinge im negativen Bereich, die selbst diesem Gott nicht gefallen würden.

Zu früheren Zeiten reiste man noch zu Pferde oder Kutschen. Erst das 19. Jahrhundert und die Industrie veränderte alles schlagartig. Durch die Industrialisierung wurde das Bürgertum reicher und wirtschaftlich mächtiger. Könige und Adel bestimmten jedoch noch Politik und die Geschicke der Menschen. Staaten entwickelten sich zum industrialisierten Feudalstaat usw. Eine neue **WELT** war im **ANMARSCH**. Wie ein Sturm fegte der Fortschritt über die Menschheit, um sie darin zu verschlingen. So entstanden seit Mitte des 19. Jahrhunderts die gewaltigen Großstädte überall auf der Welt um den um vieles kleineren ursprünglicheren alten Stadtkern mit ihren uns heute bekannten, alten modernen Wohnkasernen und Häusermeeren. Autolärm und Blechlawinen durchziehen die Straßen heute mehr denn je. Die Explosion aller Großstädte scheint noch mehr, bis ins Uferlose, weiterzugehen, und kein Verantwortlicher vermag dem Wirtschaftswachstum, grenzenloser Zerstörung der Natur, Einhalt zu gebieten. Autobahnen durchziehen das Land und zerstörten so manches Paradies. Ja selbst an und direkt an Autobahnen macht der Wohnungsbau nicht Halt. Es grenzt an ein Naturwunder, wie in relativ kurzer Zeit in den USA Großstädte und deren Einwohnerzahl eine derartige Ausdehnung erreichen konnten. Von Umweltverschmutzung und Umweltzerstörung aller Arten ganz zu schweigen. Würde man Derartiges rückgängig machen in relativ kurzer Zeit, so wäre dies ein noch größeres Wunder. In einer derartigen Welt gibt es immer ein ganz Unten und ein ganz Oben.

So drehen sich Welten, so trennen sich Welten!

Zu früheren Zeiten, so auch heute noch, setzen sich gerne Menschen ihre selbst erschaffene Krone des festgesetzten Preises auf ihr Haupt. Während heute noch 1/3 der Menschheit hungern muss. Wer erklimmt hier schon die obersten Sprossen der Erfolgsleiter, der

Ranghierarchie einer solchen Welt und deren wundersamen einzelnen Namensbezeichnungen einer Rangordnung im Zeichen des Schreckens. Zumeist ist der Fahrstuhl nach oben bereits besetzt. Staatsgala-Soupers, großer Bahnhof für Politiker. Und der kleine Gott der Welt bleibt stets vom gleichen Schlag und ist so wunderlich als wie am ersten Tag.

Doch die im Dunklen sieht man nicht! Wer führt die Ärmsten der Armen aus der Dunkelheit? Und über sie rollt der Wohlstand der modernen Wohlstandsgesellschaft. So bäckt der Bäcker weiter seine Brötchen, wohl dann noch bei einem womöglich Dritten Weltkrieg mit nuklearer Gewalt.

Wenn in einer solchen Welt der Fortschritt der Menschheit eine Erfindung beschert, wie etwa das Automobil oder Sonstiges, so geht es einer derartigen Welt in erster Linie nur um den Profit. Verständlicherweise. Viele Menschen, so hört man oft, ja sogar die breite Masse eines Volkes hätten Derartiges auch nicht besser verdient, weil deren Menschen von Natur aus schlecht wären. So hätten die Völker, oder das Volk, auch nichts Besseres verdient wie deren Könige, Königinnen, Fürsten, Politiker oder was auch immer. Wie das i-Tüpfelchen auf dem i würden sie eben passen auf ein derartiges Volk.

Das Volk oder die breite Masse hätte nichts anderes verdient, weil diese Menschen von Grundauf schlecht wären. **Denn in der Welt gäbe es nur Pöbel.**

Die Menschen urteilen im Allgemeinen mehr nach dem, was sie mit den Augen sehen, als nach dem, was sie mit den Händen greifen, denn jedem wird es einmal zuteil, etwas in Augenschein zu nehmen, aber nur wenige haben Gelegenheit, etwas zu berühren. Jeder sieht, was du scheinst, und nur wenige fühlen, was du bist. Und diese wenigen wagen nicht, sich der Meinung der großen Masse entgegenzustellen, die die Majestät des Staates, der sie schützt, auf ihrer Seite hat. Die Handlungen aller Menschen und besonders die eines Herrschers, der keinen Richter über sich hat, beurteilt man nach dem Enderfolg. Ein Herrscher, wo auch immer in allen menschlichen

87

Bereichen, braucht also nur zu siegen und seine Herrschaft zu behaupten, so werden die Mittel dazu stets für ehrenvoll angesehen und von jedem gelobt.

Denn der Pöbel hält sich immer an den Schein und den Erfolg, und in der Welt gibt es nur Pöbel.

(Auszug aus dem Werk „Der Fürst" von Machiavelli, 1469–1527)

Wenn nun nach irgendeiner Erfindung, in welchem Bereich auch immer, Fabriken, Produktionsstätten usw. errichtet werden, spricht man auch davon, es werden Imperien errichtet. Nicht nur etwa im Staatswesen. Selbst die römische katholische christliche Kirche hat aus der Glaubenslehre Christi ein Imperium errichtet. Vom Papst, der ähnlich wie ein Fürst oder Kaiser, der Stellvertreter Gottes, sitzend auf einem Thron regierend, bis hinunter zum letzten Kirchenbeamten oder Beschäftigten. Zuweilen hatte der Papst im Mittelalter mehr Macht und Einfluss wie Könige und Kaiser. Der Vatikanstaat ist heute der reichste Staat der Welt. Selbst heute noch nennt sich der Kaiser von Japan göttlich und von Gott eingesetzt, wie ehemalige Kaiser Roms usw.

Nach jeder Erfindung werden also Imperien kapitalistischen Machtdenkens errichtet. Hier drehen sich ab sofort die großen Räder, kleinen Räder, und umso desto mehr, desto wegen unzählige kleinster Räder. So ist es mit allen Dingen, in allen auch kleinsten menschlichen Ereignissen. Geld regiert die Welt aus allem wird ein Geschäft und man geht über Leichen. Wenn ein Mensch sich einer derartigen Welt nicht anpassen würde, nicht mit den Wölfen heult würde man ihn verfolgen und ausstoßen. Menschen sind hier sehr einsam und allein.

Das große Geschäft !

Das große Geschäft, das große Geschäft, oh Schreck, oh Schreck !
Erst kommt das Geschäft, dann der Mensch.
Welch falsche Ehre, welch falscher Glanz.
Aus allem wird ein Geschäft gemacht, aber auch aus allem.
Karriere, Karriere, Fassade der Unmenschlichkeit,
und nur selten hat der Mensch einen wahren Nutzen daraus.

Geschäft, Geschäft, oh Schreck, oh Schreck, aus allem wird ein Geschäft.
Mit Politik wird das große Geschäft gemacht,
mit dem lieben Gott wird das große viele Geld gemacht,
sogar mit der Krankheit der Menschen,
wird ein Geschäft gemacht, welch eine Menschenwürde.
Oh Schreck, oh Schreck, aus allem, und sogar mit aller Not,
der Menschen wird ein Geschäft gemacht, oh Schreck !

Geschäft, Geschäft und noch einmal Geschäft,
Ich bin sehr groß, das ist der Allergrößte, ob ich wohl
noch größer und mächtiger werde als der Andere ?
Spieglein, Spieglein an der Wand, wer ist der größte
im ganzen Land. Es blüht das Geschäft, es blühen
die Geschäfte, doch wo blüht hier die Würde aller Menschlichkeit.

Die Könige, Fürsten, und Kaiser aus Politik und der
Wirtschaft, wohnen auf Schlössern, in Villen und auf
Herrensitzen, doch wo wohnen die Geknechteten,
die Opfer, die Ärmsten unter den Armen ?
Kirchen, Kathedralen, Dome und Münster, die Herren
der Herr wohnt in Marmor, in Gold und in Silber. Hier rührt
sich kein Gewissen, bei keinem Herr der Herrlichkeit.

Alles dreht sich um das Geld, um die Macht, und um
die Herrlichkeit, welch falsche Ehre, welch falscher Glanz.
Jeder gegen Jeden, Alle gegen Alle, und nicht ein Alle für
Einen, Einer für Alle, Betrug, Mord, Raub, Verrat,
Verbrechen reiht sich an Verbrechen. Falsche Ehre !
Falsche Ehe ! Falscher Glanz ! Doch einfach natürlich,
und ehrlich sein, das ist schwer, das ist schwer.

Ob es Recht ist, wird hier nicht gefragt, das Geschäft steht
hier vor jeder Moral. Er schoben, ergaunert, verkauft
mit irrwitzigen Gewinn, dies ist unsere Welt.
Das Verbrechen in Frack und Zylinder, in Samt und
in Seide. Die Lüge steht hier vor jeder Ehrlichkeit.
Das große Geschäft steht hier vor jeder Menschlichkeit.
Wo es dadurch Tränen der Traurigkeit gibt, lacht dafür
woanders die Gleichgültigkeit. Männer von Welt,
Frauen für Geld, das ist die Moral von dieser Welt.

Wespar Dagamma

89

Das Lied von der Einsamkeit

Lieber frei und allein
Lieber allein, einsam und frei
wie der Vogel im Wind,
als vielmehr ein Gefangener der Liebe zu sein,
im goldenen Käfig zu zweit allein.

Müsste ich unbedingte Treue schwören
ich hätte mein Herz verloren.
Ich hätte gegen mein Gewissen
und gegen mein wahres Herz verstoßen
und mein wahres Gesicht verloren.

Meine Einsamkeit gegen alle Verbrechen der Welt
Betrug, Falschheit, Unehrlichkeit, Heuchelei und Verrat.
Meine Einsamkeit gegen alle falsche
Anpassung und Unterwerflichkeit,
gegen sein eigenes Gewissen,
und gegen sein eigenes Herz,
aus Feigheit und Schwäche.

So würde ich lieber, frei und allein
jung für meine Sache mein Leben hingeben
als mich aufgeben, im Kampf
gegen Tyrannen der Liebe, und der Welt.
Dann bin ich lieber allein und allein gelassen
als dass ich mich dem Teufel Welt,
verschreiben würde, um es nicht mehr zu sein.

Alle Frauen dieser Welt die ich bisher kannte
verlangten unbedingte Treue
welch eine Tyrannei, gegen die wahre Liebe.
Wenn anderweitig kein Glück mir scheint,
und mich vereint, bin ich gerne einsam und allein.

Meine Einsamkeit und mein Leben
gegen alle Tyrannen der Welt.
Meine Einsamkeit, gegen jeden falschen Schwur.
Meine Einsamkeit gegen alle Verbrechen.
Meine Einsamkeit gegen jede falsche Freundschaft.

Lieber allein, ausgestoßen, verfolgt
und allein gelassen, als sich zu verleugnen
oder sich gar aufzugeben.
Lieber allein, und frei , wie ein Vogel im Wind
als vielmehr ein Gefangener zu sein,
im goldenen Käfig der Liebe, und
der Welt, um dann doch einsam zu sein.

Lieber allein, als gemeinsam, einsam.
Lieber allein, als sich aufgeben.
So bin ich lieber allein, und allein gelassen.
Wenn anderweitig kein Glück mir scheint,
und mich vereint, bleib ich gerne einsam,
und allein.

Wespar Dagamma

90

Das Kernthema wäre ja Gott meiner Philosophie. Um dies wiederum verständlich zu machen, müssen eben viele Dinge aus den verschiedensten menschlichen Bereichen andeutungsweise behandelt werden. Wäre der Mensch von Natur, entspräche er ohnehin eher dem Tier, welches die Gewalt als Mittel der Auseinandersetzung vorzieht. Heute schützt die Atombombe den Frieden. Weltfrieden. Doch am Rande tobt der Krieg weiter bis heute. Welch ein Leid für Natur, Mensch und Tier.

**Wo sollte es eine schlimmere
Hölle geben als bei uns auf Erden,
in der wir leben müssen.**

**Der Mensch nutzt seine Vernunft nur dafür,
um tierischer als jedes Tier zu sein.**

Aus Goethes Faustdichtung.

Von allen Horrormeldungen, die jeden Tag durch Presse, Funk und Fernsehen gehen, ganz zu schweigen, Verbrechen reiht sich an Verbrechen und Schwerstverbrechen. Von Krankheiten und Leid, welche Menschen in dieser Hinsicht erleiden müssen, auch ganz zu schweigen. **Ja, so ist die Hölle, in der wir leben müssen.**

Wäre der Mensch von Natur, ohne Schöpfer-Gott, so gibt es eben von Natur aus **große Fische, Haie und umso viel mehr kleine Fische und unzähligste kleinste Fische.** Es wird wohl noch Millionen Jahre dauern, bis **die Art der**

91

Auseinandersetzung das <u>**RECHT**</u> wäre. Und Friede und Ruhe unter der gesamten Menschheit wäre.

Wäre der Mensch von Natur, wäre er sicher <u>nicht schlecht von Grund auf.</u>

Was lange währt, wird einmal gut.

Wäre jedoch der Mensch von Gott-Schöpfer meiner Philosophie, so gäbe es sicher Menschen, die von Grund auf schlecht sind und gewissenlos, herzlos, unbarmherzig oder sonst was wären. Aber so sind nicht alle Menschen und der übrige größte Teil wäre eher als gut zu bezeichnen.

<u>Unser aller Schicksal liegt in Gottes Hand, in Gott meiner Philosophie möglicherweise.</u>

Gott meiner Philosophie wählt sich die Waffen aus, die Mittel der Auseinandersetzungen. So bewundert der Mensch diese Tatsachen seit Menschengedenken in nur allen menschlichen Ereignissen, bis heute. **Große Redeschlachten in der Politik usw.**

Welch ein Unterschied zu unserem erdachten Planeten Paradies, wo es nicht einmal Religion gibt. Hier gäbe es ja auch nur Menschen im Wahren, Schönen, Guten und deren Aussehen, wo es in diesem Sinne gar keine Auseinandersetzungen geben kann.

Wie kompliziert wäre unser Steuerwesen zu nennen, Strafgesetzbuch oder was auch immer, und die Sprache in der hohen Politik und manche Dinge, um die es sich hier dreht, versteht ohnehin kein normal sterblicher Mensch.

Man müsste sich nicht wundern, wenn hinter aller Kompliziertheit der Gott meiner Philosophie stecken würde.

92

Gott meiner Philosophie könnte die Wurzel allen Übels sein.

Sonst gäbe es auch heute nicht noch so vieles Elend, Leid und Kummer und Not möglicherweise. Selbst in Großbritannien leben heute noch 10 Millionen Menschen unter der Armutsgrenze. In manchen Ländern sind 60 % der Menschen arbeitslos. In einigen Ausnahmen gibt es die Vollbeschäftigung. In Indien sterben noch heute Menschen auf der Straße, durch Hunger oder Krankheit, weil ihnen keine Hilfe zuteil wird. Von einer Handvoll Reis müssen in Indien Menschen einen Tag leben. Und müssen dafür auch noch arbeiten!

Während auf der anderen Seite der Medaille Indien eine Atom-Macht ist. **So trennen sich Welten von Oben bis Unten.** Hier würde selbst Gott meiner Vision nicht eingreifen und helfen, denn eine derartige Welt und Realität ist von ihm gewollt. Unsummen Gelder werden für Forschungszwecke und Rüstung ausgegeben, doch das Elend auf der ganzen Welt wurde nicht beseitigt, dies bis heute. Selbst die reichen Staaten der Vereinigten Staaten von Amerika haben bis heute das Elend innerhalb ihrer Staaten nicht beseitigt.

Doch es war ein Amerikaner, der als erster Mensch den Mond betrat.

So trennen und drehen sich Welten! Bei Gott, um was es sich auch drehen mag, Unsummen von Geldern werden ausgegeben für Dinge, die nicht notwendig wären. Aber das Elend hat man bis heute nicht aus der Welt schaffen können. So haben sich im Staatsmachtapparat und in allen nur erdenklichen menschlichen Ereignissen, in Wirtschaft und Produktion die vielen kleinen und Kleinsträder zu drehen, nach der Kraft und Macht weniger großer Räder. Die die ganze Ungerechtigkeit, wie Arbeitslosigkeit, Verwahrlosung, Krieg, Inflation und so weiter und so fort, von oben herab ins Rollen gebracht haben.

So könnte der Wagen des Schreckens eines Tages in seinen letzten Bankrott und Ruin rollen!

So hat sich dementsprechend unsere Gesellschaft gebildet, von eh und je. Für den ich arbeite, dessen Lied ich singe und muss nach dessen Pfeife tanzen.

So mussten zu früheren Zeiten, so auch heute noch, die jungen Männer in den Krieg ziehen, ob sie wollten oder nicht. Was können die kleinen und die vielen unzähligen, unseligen Kleinsträder schon dagegen tun, wenn die Walze der unerbittlichen Gewalt und Macht sie bedroht. Flink werden sie sich drehen, gebeugt vor der Macht des Schicksals-Schreckens. Die heute so gewaltigen Ausdehnungen der Städte sind doch in Wahrheit nur Steinwüsten dieser so vielen unseligen Klein- und Kleinsträder. Durch das Machtdenken kapitalistischen, imperialistischen Profitstrebens im Zeichen des Schreckens, namentlich während der Jahrhundertwende, deren industrielle Entwicklung, so auch heute noch, macht so etwas möglich und führte letztlich, nach meiner Meinung, zum Ersten und Zweiten Weltkrieg. Und womöglich noch zum Dritten Weltkrieg, der Selbstvernichtung und Ausrottung der gesamten Menschheit.

94

Weltuntergänge: zur Ausrottung der gesamten Menschheit gibt es viele, dies wäre einer davon.

Für Napoleons imperialistische Interessen mussten verbündete oder unterjochte Länder viele unseligster Kleinsträder bereitstellen für seinen Feldzug gegen Russland. Von einem Heer von 600 000 Mann, als die Schlacht geschlagen war, blieb danach nichts mehr übrig. Die wenigen armen tausenden von Kleinsträdern, oder Soldaten, starben bald darauf an den Folgen eines derartigen Wahnsinns. Von den vielen Millionen armen Menschen und Soldaten, die im Ersten oder gar Zweiten Weltkrieg wegen eines derartigen Wahnsinns ihr Leben lassen mussten, ganz zu schweigen.

**Sag mir, wo die Soldaten sind,
wo sind sie geblieben?
Sag mir, wo die Soldaten sind,
was ist geschehen?
Wann wird man je verstehen,
wann wird man je verstehen.**

Man kann die Menschheitsgeschichte genau studieren, in allen Bereichen menschlichen Zusammenlebens. Selbst in den kleinsten alltäglichen **Dingen** des **Lebens**, einen **Bösewicht** gibt es immer, der den Wahnsinn des Grauens ins Rollen bringt.

Dazu nur zwei Beispiele, wie folgt:

95

Türkengefahr:

Die Türken standen ein zweites Mal 1683 vor Wien. Der türkische Heerführer ließ verkünden, wenn ihr mir Wien nicht übergebt, so werden wir euch alle, vom Kleinsten bis zum Größten, vernichten. Weigert ihr euch jedoch nicht, lassen wir euch alle am Leben und ihr dürft euren Besitz behalten. Kaiserliche, polnische und Reichstruppen entsetzten die Stadt. Am Kahlenberg wurden die Türken vernichtend geschlagen. Ungarn wurde befreit und die Doppelmonarchie Österreich-Ungarn begründet. Prinz Eugens Sieg bei Zenta (1697) schwächte die Macht der Türken entscheidend. Der Sieg um Belgrad (1717) stoppte die Türkengefahr. Österreich wurde dadurch zu einer europäischen Großmacht.

Das unten stehende Beispiel soll deutlich machen, wie neben aller Herrlichkeit höfischer Prachtentfaltung das Leben so spielt, innerhalb einer Gesamtwelt des Schreckens.

*Prinz Eugen von Savoyen beschwerte
sich bei seinem Kaiser, dass der meiste
Teil der Soldaten nackt und bloß,
dabei ohne Geld, und die Offiziere
bettelarm wären. Viele sterben fast durch Hunger.
Die Not sei groß. Das Elend allgemein,
da niemand bezahlt wäre. Von allen Seiten gibt
es Klagen, Ausdrücke der Verzweiflung.*

Prinz Eugen von Savoyen wurde zum überragenden Feldherrn seiner Zeit. Seine Siege über Frankreich im Spanischen Erbfolgekrieg sind umso mehr zu bewundern, da ihm nur beschränkte finanzielle Mittel zur Verfügung standen.

Die alte Bauernrepublik Dithmarschen

Zu ihnen kommen,
um das Land sich
untertan zu machen,
das wollte mancher
Fürst liebend gern.

Zwischen Fürsten, Prälaten und Hansestädten lavierten sie geschickt.
Allenfalls eine nominelle Oberhoheit des Erzbischofs von Bremen
anzuerkennen und gleichsam als Schirmherrn ihrer Freiheit gegen
andere Beutelustige auszuspielen. Der Feind, der Adel, wurde
gezwungen, das Land zu verlassen oder alle Vorrechte aufzugeben.
Dieser ständelose Bauernfreistaat siegte über fremde Ritterheere.
1319 brachten sie dem Holstengrafen eine schwere Niederlage bei.
1404 erging es dem Angreifer nicht besser. Sie standen in scharfem
Kontrast zu den obrigkeitlichen fürstlichen Territorialstaaten, die
sich in Europa mehr und mehr durchsetzten.
Ein gefährliches Ausmaß nahm die Bedrohung 1460 an, durch den
Dänenkönig. Erst im Februar 1500 rückte das stolze Ritterheer mit
der berühmten schwarzen Garde an, die bereits in vielen Ländern wie
Schweden usw. erfolgreich gekämpft hatte. Sie stand in hohem
Ansehen.
Grausam wütete die Garde. Aber man war entschlossen zum Kampf.
Es ging schließlich um Freiheit oder Knechtschaft. Und Gott, oder
das Glück, gab ihnen den Sieg. Die Kunde vom großen Sieg der
Dithmarscher flog durch das ganze deutsche Land. Das stolze Heer
ertrank elendiglich, man riss die Deiche auf.
Jedoch zwei Generationen später erlag die Bauernrepublik der
Übermacht der Feinde und nicht zuletzt der Feldherrenkunst Johann
Rantzaus. Man schwor, kniefällig, den Siegern den Treueid. Man
behandelte die Unterworfenen glimpflich.

Man könnte aus der Menschheitsgeschichte tausend und abertausende solcher Beispiele anführen, auch aus den kleinsten Dingen menschlichen Daseins. Der frömmste Mensch kann nicht in Frieden leben, wenn es dem bösen Nachbarn nicht gefällt.

Das Leben!

So oder so ist das Leben, einmal ist Ebbe,
dann wieder Flut! Wohin geht das Leben,
wo kam es her? Tränen und Leid, muss das so sein?
Erst kam das Leben, dann kam der Tod.
Wer kennt den Sinn, noch die Sinnlosigkeit?
Anfang und Ende? Heute noch froh, morgen schon tot!
Wer brach den Frieden entzwei?
Kanonendonner, schwarzer Rauch,
schon läuten wieder die Glocken den Frieden ein.
Wann kommt der nächste Krieg? Muss das so sein?
Kaum bist du glücklich, dann musst du wieder
traurig sein! Einmal so, dann wieder so,
einmal Glückseligkeit, dann wieder Traurigkeit!
Heute noch froh, morgen schon tot!
Leben und Tod, ein Kommen und Gehen.
Woher und wohin, weiß keiner.

Wespar Dagamma

98

Das Unglück kommt also nicht wie der Regen, nein, es kommt von dem, der einen Nutzen davon hat. Wäre hier Gott meiner Vision der große Nutznießer. Es ist noch nicht bewiesen, dass es ihn nicht gibt und er nicht auch der Erfinder des Bösen wäre. Wir haben ja den Vergleich Planet Paradies und können dadurch abwiegen, was ihm besser gefallen würde.

Nur das Gute! Oder auch das Böse! Oder beides!

Wo nur das Gute herrscht, gäbe es keinen Grund zur Klage. Profitstreben, Imperialismus, kapitalistisches Denken und Handeln wäre ja ganz normal. So auch alle einzelnen Ranghierarchien-Ordnungen in allen menschlichen Bereichen usw.
Wenn man dabei aber über Leichen geht, wäre dies Mord und ein Verbrechen, um auf diese Weise ans Ziel zu gelangen. Können, Fleiß und Leistung müssen belohnt werden und nichts gegen Millionäre und Milliardäre in einer freien Marktwirtschaft. Aber wo ein Volk nur ausgebeutet und versklavt wird und unterdrückt wird von Staatswegen oder innerhalb anderer Bereiche des menschlichen Lebens, durch zuviel Arbeit, zuwenig Lohn, zu hohe Steuern usw., dann beginnen das Verbrechen und der Grund zur Klage.
In Goethes Faust-Dichtung: Im Prolog im Himmel findet es der Teufel auf Erden immer herzlich schlecht. Die Menschen dauern ihn in ihren Jammertagen. Er mag die Armen sogar selbst nicht plagen.

Für einen Gott meiner Vision wäre dies natürlich die Würze des Lebens und es wäre gottgewollt. Doch aus normal menschlicher Sicht ist es nicht recht, wenn es der einen Hälfte des Volkes gut geht und der anderen Hälfte schlecht geht. Ganz zu schweigen von allem Elend, Schmutz, Arbeitslosigkeit, Verwahrlosung und Kriminalität jeglicher Art durch eine derartige Realität. **Auch heute noch, im Zeitalter der Raumfahrt und Mondbesteigung.** 1/3 der

Menschheit muss hungern und immer noch müssen Menschen verhungern. Die Armut der dritten Welt ist immer noch erbärmlich. **Dies wäre die Schande der Menschen, die im Überfluss leben, und die Schande allen Fortschritts.** Wie viele Kinder gehen abends noch zur Ruh und schlafen vor Hunger nicht ein. Jede Sekunde stirbt ein Kind durch extreme Armut.

Die Getreidekammern der wohlhabenden Länder sind groß, doch derer Herzen zu klein.
Wie viel Unheil muss noch geschehen, bis sich die Menschheit besinnt? Die Bevölkerungsexplosion an den verschiedensten Orten ist, nach meiner Meinung, auf unserer Erde das dringendste Problem. Längst hätten an den verschiedensten Orten, wie Städte, Länder, Staaten, Regierung durch Sterilisation usw. Derartiges verhindern müssen, besonders in der Dritten Welt. Oder da, wo es bereits 60 % Arbeitslosigkeit und noch mehr gibt und das Elend am häufigsten anzutreffen wäre. Auf der ganzen Welt. Sicher, es gab deshalb bereits viele Konferenzen bei womöglich der Beteiligung aller Staaten der Erde. Aber getan wurde so gut wie nichts.
Das Schlagwort müsste heißen, lieber **Klasse statt Masse.**
Bei derartigen Massen der Bevölkerung könnte in naher Zukunft das Wasser knapp werden. Man spricht jetzt schon darüber, dass deshalb Kriege entstehen könnten. Man könnte hier viele Beispiele geben, wo Menschen durch eine derartige Realität auf engstem Raum zusammenleben müssen. So müssen in manchen Ländern in einem einzigen Raum von etwa 16 qm 10 Menschen leben usw. Man kann nicht sagen, alle Menschen wären schlecht und sie hätten von oben bis unten, zum Ärmsten der Armen, nichts Besseres verdient, **denn in der Welt gäbe es nur Pöbel.**

Nun, jeder Mensch kann hier seine eigene Meinung haben, wie viele Menschen er für schlecht hielte. Nach meiner Meinung gibt es so gut wie gar keine, von Grund auf, schlechte Menschen.
Man sollte auch keinen einzigen Menschen als Pöbel bezeichnen?
Wir bemühen uns alle, nach bestem Wissen und Gewissen, und sind dem Irrtum verfallen. Eines Tages, davon bin ich überzeugt, existiert

die heile Welt. Mit Sicherheit, ich bin nun mal Optimist von Natur aus. Doch gibt es Gott meiner Vision, dann könnte man im Grunde keinem Menschen einen Vorwurf machen, er müsste sich böse oder gut verhalten, ob er wolle oder nicht.

So gibt es auch Menschen, die sich wiederum mehr oder weniger gut verhalten. Alles in allem, ob niedrig oder hochgeboren, ergäbe daraus die göttliche Komödie, Tragödie oder was auch immer. Und der Teufel würde im Detail stecken. Wir können alle dem Schicksal nicht entrinnen. **Vor allem, wenn es Gott meiner Philosophie gibt.**

Doch gehe ich davon aus, dass es nichts Übernatürliches gibt, die Wissenschaft möglichst bald alle Rätsel gelöst hat und die Dinge, die den Menschen zum Wahnsinn und Schrecken getrieben haben, auch von Natur aus durch die Genforschung ausgeräumt werden. Der Mensch der Zukunft hätte also eine positive, friedliche, vernünftige Psyche usw. Die Vernunft des Menschen durch Wissenschaft und Technik hätte letzten Endes einen Sieg davongetragen. Und es gäbe dann überall auf der Welt nur noch perfekte, unsterbliche, schönste Menschen, wie aus dem Katalog. Unfälle, Verkehrstote gäbe es nicht, da die Technik zu weit fortgeschritten wäre. Und wenn doch einmal etwas schiefginge, könnte man einen Menschen wieder zusammenflicken. Sicherlich wäre man dann auch dazu imstande, Weltuntergänge, welcher Art auch immer, zu vermeiden und sämtliche Gefahren, die aus dem und im Kosmos lauerten, zu bannen. Milliarden von Jahren hätte der Mensch noch Zeit, bevor unsere Erde unbewohnbar wird. Bis dahin hat sich der Mensch im womöglich unendlichen Kosmos längst neue Welten erobert.

Ob nun klassenlose Gesellschaft oder nicht, es gäbe dann die heile Welt! Eine Bevölkerungsexplosion gäbe es längst nicht mehr und wenn erlaubt, gäbe es nur noch Kinder aus der Retorte?

Einen **Baby-Stopp** von Regierungswillen zum Stopp der Bevölkerungsexplosion wäre nicht mehr notwendig. Es gäbe eine andere Antriebsmöglichkeit. Autos würde man nicht mehr hören.

Eine stille harmonische Welt des Friedens und der Ruhe hätte Einzug gehalten. Kurz und gut, alles Elend hätte ein Ende.

In Europa zum Beispiel sind Bilder menschlicher Ereignisse des Mittelalters längst verschwunden. So auch diese aus der Jahrhundertwende, des alten Berlins zum Beispiel, oder die schönen, guten, alten Zeiten, die goldenen Zeiten sind längst nicht mehr und gehören der Vergangenheit an. Kirchen, Dome, Kathedralen und Münster wären nur noch Baudenkmäler aus vergangenen Zeiten, wie heute noch Burgen, Schlösser, der alte Stadtkern aus dem Mittelalter, wie etwa Rothenburg ob der Tauber und so weiter und so fort. Angenommen.

Weil kein Mensch mehr an Gott glaubt.
Nun wären die letzten Götter vom Thron gefallen.

So bewundert heute der moderne Tourist sämtliche Baudenkmäler längst vergangener Kulturen. Die Akropolis in Athen, die Pyramiden in Ägypten, das alte Forum Romanum usw. So müsste der heutige Tourist sich beeilen, wenn er noch das Mittelalter der arabisch-islamischen Welt zum Beispiel erleben wollte. **Das Märchen von tausendundeiner Nacht.**
Es wird möglicherweise gar nicht einmal mehr so lange dauern, bis es keine Pilger mehr gibt am Platz der großen Moschee in Mekka? Denn die Stunden sind gezählt, **bis auch hier einmal die Würfel fallen, die die Welt verändern, und die letzten Schleier fallen.**

Vor 4 Millionen Jahren etwa lernte der Mensch, noch halb Tier, das aufrechte Gehen. Damals gab es noch Flugechsen und Dinosaurier.

Man stelle sich vor, wir hätten die damalige Welt, wie Gott meiner Vision, erleben können. Live.

Sicher hätte er dementsprechend ebenfalls ein Aussehen gehabt und hätte somit deren Zeitepoche hautnah erleben können. Ob Pfahlbauten-Kultur am Bodensee oder sonst etwas. Gott erlebt alle nur erdenklichen Kulturen und Zeitepochen mit seiner unsterblichen Seele. Wir Menschen besitzen keine Seele, weder von Gott noch von Natur aus.

Auf dem Planeten Paradies hätte ja keine Mutation oder Evolution stattgefunden. Hier entstand alles Leben sogleich in der Gestalt, wie es sich Gott erwünschte. Hier könnte man sich ebenfalls gut vorstellen, weshalb Gott auch Planeten wie unsere Erde und deren Entstehung des Lebens gewollt hat und nicht nur ausschließlich einen einzigen Planeten Paradies, jenseits allem BÖSEN! Und weshalb ER an derartigen Welten Gefallen hätte wie den unseren.

So könnte er auch Westernheld à la Hollywood sein und sein Colt wäre immer am schnellsten, wenn er wollte. Wenn unsere Welt in Frieden endet und unsere Menschheit im fleischlichen Sinne unsterblich wurde, alle Krankheiten besiegt wären und der Mensch sogar wieder Kind sein könnte und sich in diesem Sinne die Gestalt eines Kindes, etwa im 3. Lebensjahr, geben könnte, indem er das Wachstum zurücksteuern könnte ebenfalls im Sinne wie die Menschen auf dem Planeten Paradies und alles Elend beseitigt wäre, so wären auch dies Welten, die zum Erlebniskreis Gottes zählen würden. Die Sprache würde einem dreijährigen Kindes entsprechen, doch der Geist und das Wissen wäre dies eines erwachsenen Menschen.

Man stelle sich nur eine derartige Welt vor, die dem Planeten Paradies ähnlich wäre. Die vielen kleinen Autos (Möbel usw.), die den verschiedensten Altersstufen der Menschen entsprächen.

Militär gäbe es nur noch im Sinne der Beteiligung aller Völker und Staaten für die gesamte Menschheit. Um den Frieden zu erhalten. So würde man ja auch nicht ganz die Feuerwehr abschaffen, nur weil es so gut wie niemals mehr brennen würde. So gäbe es mit Sicherheit

103

eine einheitliche Geldwährungs-Wirtschaft für die ganze Welt.
Überall könnte man so mit dem gleichen Geld auf der Erde einkaufen
und die letzten Grenzen und Barrieren wären gefallen.
Der Fortschritt im militärischen Bereich ist dahin ausgerichtet, im
Sinne eines möglichen Feindes innerhalb oder kommend aus dem
Weltall. Denn wie bei den beiden Beispielen, wo der Bösewicht
(Angreifer) klar zu erkennen war, lauern möglicherweise die
Gefahren eines möglichen Krieges in ferner Zukunft (Krieg der
Sterne) usw.
So wäre dies wiederum ein ganz neues Zeitalter, welches auch zu
den Erlebnissen Gottes meiner Vision zählen würde.

Doch zurück auf unsere Erde. Wonach es nichts Übernatürliches gibt
in der Natur. Ob nun Urknall oder nicht, egal wie unser Universum-
Materie entstand, so auch unsere Sonne mit ihrem Planetensystem
und unserer Erde mit Leben. Aus dem **NICHTS** konnte keine
Materie entstehen, also muss Materie immer vorhanden gewesen
sein.

Weshalb, ist unvorstellbar.

Innerhalb derartiger Ereignisse im Kosmos derer Materie ist und war,
niemals ein Gott Götter, oder Allseele entstanden? Hier kann es
nichts Übernatürliches geben. Und es war ein Zufall materieller
Ereignisse, dass ein winziger Punkt, den wir Erde nennen, mit Leben
entstand?
Wenn wir also die Lebenskeime Zellen und deren noch kleineres
Protoplasma usw. unter dem Mikroskop betrachten, so ergibt sich,
wie gesagt, ein Mikrokosmos im Kleinen. Bei einem derartigen
Mikrokosmos chemischer, atomarer, molekularer Ereignisse im
Kleinsten, woraus das gesamte Leben in seiner Vielzahl an Arten
entstand, kann es, oder können keine unsterblichen Seelen entstehen
oder vorhanden sein. Die nach dem Tod ins Nirwana, in den Himmel
zu Gott oder sonst wohin streben könnten.

Wir kommen aus dem Nichts sozusagen, aus an sich toter materieller molekularer Materie usw., und zerfallen zu Staub, wenn ein Mensch einmal tot ist. Für das gesamte Leben, Tier oder Mensch, gilt diese Tatsache nach meiner Meinung! Einen Gott oder Götter, Allseele oder Seelen oder sonstiges Übernatürliches kann es hier nicht geben. Der Mensch muss sich also schon selbst eine **SEELE** verschaffen, wenn er kann.

Der Mensch hat sich ja bereits schon zu ungeahnten Höhen emporgehoben. So dass man heute sagen könnte, dass er bereits an der Schwelle allen **WISSENS** stünde, um in der Zukunft in den Bereich des **GÖTTLICHEN** zu rücken. Dies wird wohl noch Millionen von Jahren dauern.

Doch das Elend auf unserer Erde ist noch nicht besiegt!

Wollten wir nicht unzählige Weltuntergänge heraufbeschwören, so müssten wir uns sofort daranmachen, das dringendste Problem, die Bevölkerungsexplosion, zu stoppen.
Gäbe es jedoch Gott meiner Philosophie, dann sind die verschiedensten Weltuntergänge, die sich aus einer Bevölkerungsexplosion bis ins Uferlose ergeben könnten, für ihn gerade recht, der Abenteuer wegen. **Und zählt zu den Erlebnissen Weltuntergang.** Damals galt die Titanic als unsinkbar, was wäre dies für Gott zum Beispiel ein Schauspiel gewesen. Möge man nur so weitermachen und die Folgen werden sich zeigen.

Einem Gott meiner Philosophie ist es egal, ob sich eine Menschheit das eigene Grab schaufelt. Der Natur auch.

105

Wir sitzen alle in einem Boot, die gesamte Menschheit.

**Oder Weltuntergänge wären genmanipuliert.
Von Gott aus so gewollt, damit eine
Menschheit in diesem oder anderem Sinne endet.**

Abenteuer Weltuntergang!

**Man sollte einmal mehr an die Zukunft
und an das Wohl aller Menschen auf Erden denken.
Erst in zweiter Linie sollte das Profitdenken stehen.**

Damit die Hölle ein Ende hätte.

**Lägen die Verantwortung und die Vernunft beim
Menschen und NICHT bei Gott meiner VISION!**

Durch die Medizin des Fortschritts und der Genforschung werden
Menschen immer älter und sagen wir es ruhig womöglich eines
Tages unsterblich und immer gesund. Deshalb müsste sofort etwas
geschehen, um die Weltbevölkerung zu halbieren. Um in absehbarer
Zeit so Elend, Kriminalität usw. auszurotten.

Die Weltbevölkerung dürfte in naher Zukunft die Milliardengrenze
nicht mehr überschreiten und sollte womöglich noch stark
darunterliegen. Nachrüsten könnte man immer noch.
(Der alte historische Stadtkern und die malerischen alten Dörfer wie
im Mittelalter und etwas darum müssten genügen.)
Wie zum Beispiel riesige Erdhügel oder Berge mit Wäldern usw. mit
Wohnzellen. Die Häusermeere aller Millionenstädte oder Städte
schlechthin entsprechen eher abenteuerlichen Zuständen und
entsprächen nicht dem Wahren, Schönen, Guten.

Noch einmal, wie viele Kinder gehen abends noch zur Ruh und
schlafen vor Hunger nicht ein.
So müssten nicht alle paar Sekunden Kinder auf unserer Erde durch
extreme Armut sterben. Noch müssten Kinder vor Hunger nicht mehr
einschlafen können. Hier müsste 1/3 der Menschheit nicht mehr
hungern. Von den verschiedensten Naturkatastrophen, die mit
Sicherheit auf uns zukommen, geht Derartiges so weiter, ganz zu
schweigen.

Müsste die Menschheit einmal evakuiert werden,
und es wären derart viele,
wäre solches undenkbar.
Ganz zu schweigen,
man müsste die ganze Menschheit
in den Kosmos evakuieren.

**Weshalb setzt man noch Kinder in die Welt,
wenn die Zukunft für sie schlecht bestellt ist?**

Möglicherweise wäre die Welt besser, wenn das Volk innerhalb aller
Staaten sich selbst regieren könnte. Ohne Parteien und ohne einzelne
Staatsoberhäupter und deren Personenkult. Über seine Geschicke
selbst entscheiden könnte, durch Volksabstimmung. Dies käme einer
modernen Demokratie näher und würde am ehesten dem Wahren,
Schönen, Guten entsprechen. Dies wäre besser als alle Staaten, die es
je gab oder noch gibt. Auf den gesunden Menschenverstand des
Volkes überall auf der Welt wäre eher Verlass.

Wenn dementsprechend es weniger Menschen gäbe, wie angedeutet, könnte das Volk sich in dementsprechenden Fußballstadien, Arenen usw. beraten. **Rat halten** oder über was auch immer Abstimmungen treffen. Wenn z. B. in Deutschland das Volk entscheiden gekonnt hätte, dann hätte Deutschland keinen Militarismus. Schon wegen der Vergangenheit. So würde das Volk Militär abschaffen heute durch eine Volksmehrheit. Deutschland ist nicht mehr von Feinden umgeben und die Siegermächte würden genügend Schutz garantieren. Deutschland wegen der Vergangenheit willen hätte so ein besseres Gesicht in der Welt. Würde so ein Zeichen setzen für den Frieden und möglicherweise ein Vorbild sein für andere Staaten, die ebenfalls dem Beispiel Deutschlands folgen könnten. So hätte Deutschland auch noch die alte Währung und nicht den Euro und so weiter und so fort. Hätte das deutsche Volk darüber entscheiden können. Im Großen und Ganzen könnte ja die vorhandene Regierungsform bleiben. Nur dass das Volk selbst seine Leute ins Rathaus oder in die Regierung wählt. Ohne Parteien, versteht sich. Wenn gut Verdienende weniger Verdienst hätten und dafür aber weniger arbeiten müssten, wäre dies für jeden Menschen eher gut als schlecht. Zum Beispiel könnte man so arbeitslose Menschen in Arbeit bringen (eine Woche frei, eine Woche Arbeiten zum Beispiel). Kein Mensch müsste irgendwo auf der Welt arbeitslos sein, schon gar nicht innerhalb unserer Zeitepoche. Was werden von Staatswegen Unsummen an Geldern(Milliarden) ausgegeben. Für Sozialhilfe, Kindergeld, Arbeitslosenhilfe und so weiter. Es wäre menschlicher und sinnvoller, wenn jeder Mensch Arbeit hätte und sämtliche Unkosten aus seinem Verdienst bezahlen könnte. **Dies wäre besser als Almosen.**

Wenn das Volk entscheiden könnte, würde es keinen Menschen fürs Nichtstun bezahlen. Schließlich wären es ja Steuergelder und ihr Geld schlechthin, für welches sie mitunter hart arbeiten mussten. So könnte auch jeder Tag ein Werktag sein. Feiertage ständen nur auf dem Papier. Jeder Mensch könnte seinen religiösen Bedürfnissen überall auf der ganzen Welt in seiner Freizeit nachkommen. Dadurch, dass die Menschen nicht alle an Feiertagen oder Wochenenden frei hätten, gäbe es dem entsprechend auch nicht diese fürchterlichen Autostaus auf Autobahnen und Landstraßen.

Geschweige denn, die Einwohnerzahl der Gesamtmenschheit läge unter einer Milliarde.

Eine Demokratie in diesem Sinne und eine vernünftige Weltbevölkerungspolitik im genannten Sinne würden eher dem gesunden Menschenverstand entsprechen, bei allen einzelnen Staaten unserer Menschheit. **Dies wäre das Beste für unsere gesamte Menschheit.**

Die Fähigkeit des Menschen, gerecht zu sein, macht die Demokratie möglich, aber die Neigung des Menschen, ungerecht zu sein, macht die Demokratie notwendig.
(Reinhold Niebuhr)

Einer für alle, alle für einen.

108

Es gibt viele Zukunftsvisionen,
wie eine bessere Welt aussehen
würde im Positiven bei einer
vernünftigen, idealen Bevölkerungspolitik
auf unserem Planeten Erde oder vor Ort.

Die negativen Visionen müsste man erst gar nicht erwähnen.

Denn wenn einmal wirklich
alle Lichter ausgehen
und der Schrecken der Dunkelheit
seinen pechschwarzen Schatten
über die Menschheit wirft,
muss man über derartige
Maßnahmen nicht mehr
nachdenken. Und ein mancher
würde sagen:
Ein Königreich für ein Glas Wasser.

**Ein Rauch verweht,
ein Wasser verrinnt,
eine Zeit vergeht,
eine neue beginnt.**

Joachim Ringelnatz (1883–1934)

Auf bessere Zeiten!

Ein Beispiel: Wenn sich 6 Millionen Autos in einer Höhe von 2250 m in Mexiko-Stadt täglich bewegen und der Ozonwert weit über der erlaubten Grenze liegt, und dies bei 15 % weniger Sauerstoff, wäre es höchste Zeit, die Einwohnerzahl zu reduzieren. Der Boden soll pro Jahr um 50 cm absacken. Durch alle Brunnen gäbe es praktisch kein Grundwasser mehr. Und da soll sich die Einwohnerzahl bis 2015 womöglich noch verdoppeln. Von 26 Millionen auf 45 Millionen.

Wenn hier tatsächlich der nahe Vulkan „Popocatépetl" ausbrechen sollte, ist eine Evakuierung unmöglich.

Noch einmal: Einwohner heute: 26 Millionen. Im Jahr 2015 bereits 45 Millionen Einwohner.

Wenn man sich einmal Derartiges vor Augen hält und der Popocatépetl würde tatsächlich ausbrechen, die vielen Kinder und Menschen, die dadurch ihr Leben verlieren würden. Aus Hollywoodfilmen kennen wir derartige Szenarien und bewundern ebenfalls den Untergang der Titanic.

Naturgewalten!

Wenn die Naturgewalten frei werden und finstere
Nacht den Himmel bedeckt und Stürme brausend,
Blitze strahlend, donnernd, krachend in das Leben
einbrechen und die Erde zu zerbersten droht,
Schreie, Lärm und Entsetzen der Hilflosigkeit
ergreifen dann den Menschen und kein Mensch
war sich dann je zuvor so bewusst seiner Größe
und seiner Vergänglichkeit.

Knirschend, krachend, zerbersten uralte Bäume
in sich zusammen. Das Ende, das Ende.
Aufgeschrecktes Krähengeschrei. Das Ende, das Ende,
das Ende der Welt? Das Ende des Lebens? Oder
folgt auf die Finsternis wieder Sonnenschein?
Leben und Tod stehen sich hier gegenüber.
Wird der Tod dem Leben noch einmal weichen?
Menschen beten zu den Göttern. Ob Gott sie
erhört? Auf das Gebet folgt Donnerschlag sogleich.

Naturgewalten werden frei und auf den Blitz
folgt Donnerschlag sogleich. Bäche werden zu
reißenden Flüssen. Der Fluss wird zum reißenden
Strom. Der Strom tritt über seine Ufer und
ertränkt das weidende Vieh. Alles geht so
rasend schnell. Der Bann des Schreckens,
liegt in und über der Natur.

Stärker und stärker wurde der Sturm zum
Orkan und aus Tag wurde Nacht.
Die Naturgewalt entlud sich
mit erbarmungsloser Macht und aus Nacht,
ward wieder Tag. So plötzlich, wie es begann,
war alles wieder vorüber, lieblicher Sonnenstrahl
herrscht nun wieder und die letzte dunkle
Wolke versank am Horizont. Vögel singen
wieder, als wäre nichts gewesen. Nur der Mensch,
dem steckt der Schreck noch in den Gliedern.
Vergessen sind Größe und Vergänglichkeit.

Wespar Dagamma

112

Hätte die Titanic genügend Rettungsboote gehabt, hätte man alle Menschen retten können. Auch in Mexiko-Stadt wäre das möglich. Gäbe es hier 90 % weniger Menschen. Es gibt viele Arten von Naturkatastrophen und viele Zeitbomben ticken. Sicher, es wird dann geholfen, aber nachher ist wieder alles vergessen, bis zur nächsten Katastrophe. Man schädigt die Umwelt, namentlich aus Gewinnsucht und Profitgier. **Und die nimmer satt zu kriegende Wölfin verschlingt womöglich noch eines Tages die ganze Menschheit.**

Gott meiner Vision kann alle Weltuntergänge live erleben und überleben, als säße er sicher, wie wir Menschen vor dem TV oder im Kino, vor der Leinwand.

**Faszination Naturkatastrophen.
Faszination Weltuntergang.
Faszination des Bösen.**

Gott meiner Vision ist immer der Held von allem Bösen.

Gott meiner Vision ist immer der Sieger und Held, wenn er möchte, innerhalb aller nur erdenklichen Ereignisse menschlichen Zusammenlebens, so im geringsten wie auch im allergrößten menschlichen Ereignis. So wie in allen nur erdenklichen Hollywoodstreifen, was es auch immer sei. Bis zum Krieg der Sterne usw.

Hier könnte man sich noch einmal fragen, ob es tatsächlich einen derartigen Gott meiner Vision gäbe, der dementsprechend auch einen Gefallen daran hätte an allem Elend und Leid unserer Menschheitsgeschichte. Wenn, sicher nur im edlen Sinne, weil sich Derartiges nicht vermeiden ließe. Schon um der unendlich vielen Kinderfreuden und Abenteuer willen! Denken Sie darüber nach und halten Sie sich eine derartige Realität genau vor Augen.

Sieht nicht alles danach aus, dass es doch so wäre?

Gäbe es nur im guten Sinne Gott oder Götter, oder etwas Übernatürliches in diesem Sinne, so würde eine derartige Welt wie die unsere nicht existieren. Wäre also das gute Göttliche, und nur das Gute im übernatürlichen Sinne, wie wir auch Derartiges nennen mögen, der Schöpfer des Lebens, dann würden wir nur im guten Sinne bereits leben, **wie ein derartiges Paradies auch aussehen mag, jenseits allem Bösen!**
Gäbe es viele Götter, gute und schlechte, dann wäre unsere Welt von einem bösen Gott erschaffen.

Somit wäre ein Erlöser, wie etwa Jesus Christus, nicht notwendig und ebenfalls unrealistisch. Eine Erlösung vom Leide und Tod kann es in diesem Sinne nicht geben. Wessen Lehren und Glaubensbekenntnisse innerhalb aller Universalreligionen und Religionen schlechthin dies auch wären.
Dies alles zeigt eher, dass es nichts, aber auch gar nichts Übernatürliches geben kann. So auch keine Götter im guten oder

bösen, schlechten Sinne. Wie etwa auch meine Philosophie über einen möglichen Gott-Schöpfer! Schon der unschuldigen Kinder wegen hätte ein Gott keinen Gefallen an einem derartigen Elend? Könnte man noch einwenden.

Der Mensch muss sich hier selbst helfen, wo er kann. Gott kann ihm nicht helfen. Weil es keinen Gott, oder Götter in diesem Sinne, gibt. Solange jedoch die Würfel der Allwissenheit noch nicht gefallen sind, mag jeder glauben, was er mag.

In diesem Sinne hätte so dann auch meine Vision von Gott Bestand und entspräche eher der Wahrheit.

Wäre Gott meiner Vision Christus gewesen, müsste man sich nicht wundern, wenn derartige Wunder tatsächlich stattgefunden hätten. So auch sämtliche Wunder innerhalb aller religiösen Bereiche. Träfe Derartiges zu, müssten wir Menschen uns ohnehin über nichts mehr wundern. Denn die höhere Wahrheit und der Sinn allen Seins oder Nichtseins wäre Gott meiner Vision. Er wäre das Wunder aller Wunder! Was vermag der Mensch gegen den Willen Gottes?

Gott wäre doch nicht noch Hitler gewesen, dies wäre wohl unter seiner Würde?

Was wäre wohl gewesen, wenn es Jesus oder gar Hitler nicht gegeben hätte. Der Menschheit wäre wohl sehr viel Leid erspart geblieben. Besser wäre es wenn die Menschheit ohne Religion wäre. Nur das Wahre Schöne Gute bringt kein Leid über Menschen.

Falschheit tritt in unzähligen Kombinationen auf,
aber die Wahrheit hat nur einen Seinszustand.
(Jean Jacques-Roussean)

Was wurden nicht alles für Gräueltaten, im Namen Christus, oder Gott ausgeübt. Namentlich wärend den Kreuzzügen im Mittelalter usw. auch gegen das jüdische Volk. Welches durch Hitler besonders leiden musste. Was fügen doch Menschen, Menschen für ein Leid zu aus welchen Gründen auch immer. Auch heute noch hat das jüdische Volk keine Ruhe gefunden.

Aber nehmen wir **noch einmal** an, es gäbe nichts Übernatürliches und das Schicksal der Menschheit läge einzig und allein in der Hand des Menschen. Und es würden in der Tat im Jahre 2060 etwa die Würfel der Erkenntnis darüber fallen, dass man den Beweis erbracht hätte, dass es nichts Übernatürliches gibt noch gegeben hat. Wie Leben entstand und der Kosmos. Was man sich unter einem unendlichen oder endlichen Kosmos vorzustellen hätte. Oder weshalb überhaupt Materie existiert usw. Man wüsste, dass man in Zukunft Leben für immer erhalten könnte, da man die Zeiger, die für das Altern maßgebend sind, gefunden hat. Wenn man also heute Derartiges der modernen Naturforschung glauben würde oder alles noch früher zustande käme, wie versprochen, **dann wäre es höchste Zeit, die Menschheit zu reduzieren.**

Wenn nun die Menschheit tatsächlich die Unsterblichkeit erreicht hätte und das Rätsel der Welt und des Lebens enträtselt wäre und alle Krankheiten besiegt wären, würde natürlich ein neues Zeitalter beginnen. Religion gäbe es dann nicht mehr. Man kann auch Menschen ohne Religion zum Guten bekehren. Womöglich wäre die Menschheit imstande gleichwertig, wie bei dem genannten Planeten Paradies, zurückzuschrumpfen bis zu dem Alter von etwa 3 Jahren, je nach Belieben eines Menschen, um dann wieder sämtliche Altersstufen von neuem zu durchlaufen. Sozusagen im Erwachsenensinne.

So könnte man wieder Kind sein.
So könnte man wieder 20 Jahre sein
und so verliebt sein wie damals.

WUNDERBAR! Mir würde Derartiges gefallen. Ich würde gerne ewig leben und immer gesund bleiben. Ewig die Sonne genießen und so meine Spaziergänge unendlich fortsetzen. Wie schön könnte doch das Leben sein, ohne Tod, Hölle und Fegefeuer.

Die Menschheit hätte dazu noch Milliarden von Jahren Zeit, um Derartiges zu erreichen! In 4 Milliarden Jahren etwa wird die Erde allerdings von unserer Sonne zerschmolzen. Die Sonne wird zum Riesenstern. Ich werde Derartiges wohl kaum noch erleben und zu den sterblichen Menschen zählen. **<u>Leider!</u>**

Stellen wir uns Menschen zum Schluss noch einmal Folgendes vor, um nur noch ein einziges Beispiel Gottes meiner Vision zu geben. Wir seien 1892 in Deutschland geboren und könnten so sein wie Gott. Wir hätten eine glückliche Kindheit erlebt, in einem wohlhabenden, adligen Haus und hätten bereits hier unsere Feinde in jeder Hinsicht geschlagen und ins Staunen versetzt. Durch unser Allwissen hätten wir Lehrer, Schule und sonstige Menschen an der Nase herumführen können und jeder Feind hätte eine vernichtende Niederlage erleben können.

Verbotene Früchte der Liebe hätten wir gepflückt und wissen, verbotene Früchte der Liebe schmecken am besten. Unsere Jugend wäre in diesem Sinne verstrichen. Das schönste Mädchen hätten wir geheiratet und Sitte und Gebräuche genossen und belächelt. Die Früchte der Untreue und deren Abenteuer hätten wir NIE außer Acht gelassen! **Welch ein Leben! Welch ein Abenteuer! Welch ein Genuss! Welch eine Freude!** Nichts hätte uns kränken können. Den Ersten Weltkrieg hätten wir als Jagdflieger erleben können und als gefeierter Held hochdekoriert und mit Ehrungen überhäuft. Das weitere Leben verstrich in Freude und Ehre. **Welch ein Genuss! Welch ein Abenteuer** innerhalb aller menschlicher Ereignisse, die zum Zweiten Weltkrieg führten. Auch den Zweiten Weltkrieg hätten wir in diesem Sinne als Jagdflieger alle Abenteuer überstanden.

Die darauf folgende Zeit würde ebenfalls im Zeichen des Erfolges stehen. Im Sinne des deutschen Wirtschaftswunders. Nun hätte man das Leben unterbrechen können, um ein neues, anderes zu beginnen. Doch wir haben das Leben fortgesetzt an der Seite unserer schönen Frau von damals, die wir so jung und jungfräulich geheiratet haben. Nun hätten wir bereits ein Alter von 86 Jahren erreicht. So sei es nun Zeit, ein neues Leben zu beginnen, um uns mit unserer Frau ein letztes Mal in die Scheinwerfer des heutigen Fernsehens zu begeben, welches uns zu später Stunde mit Ehrungen und Sendungen weit über unser Land hinaus bekannt gemacht hat.

Ich hätte es vorgezogen, im Bett zu sterben. Ein Staatsbegräbnis mit militärischen Ehren, eine trauernde Witwe in Schwarz und viele Kinder, die meinen Tod beweinen, wären der Abschluss eines erfüllten Lebens. In Presse, Funk und Fernsehen konnte man lesen, hören und sehen, der große Held aus dem Ersten und Zweiten Weltkrieg und spätere mehrfache Wirtschaftsmillionär ist tot.

Welch ein Leben, gegenüber unserem, vom Schicksal der Wahrheit Gottes bedrohten, sterblichen, menschlichen Welt des Lebens. Gott hätte bereits vorgesorgt, durch die Früchte der Untreue, dass ein neuer Körper nach Wunsch vorhanden wäre, um nun ein Leben als gefeierter Fußballheld fortzuführen. **In einer Zeit, wo ein Fußballstar viel Geld verdient.**

Dies ist der Unterschied zwischen Gott und einem normal sterblichen Menschen!

Man stelle sich vor, welch viele Leben bereits Gott gelebt hat oder noch leben könnte. Von den mittelalterlichen Burgen und Prachtentfaltung aller königlichen Höfe durch alle Zeiten. Deren Sitten und Gebräuche bei allen Kulturen dieser Erde. Oder des Universums. Bis hin zu den Königshöfen à la Hollywoodstil, wo sich Königsreiche im Universum bekriegen. Ob Ritterspiele im Mittelalter, Degenduelle oder Kampfsportarten aller Arten usw.

Gott meiner Vision wäre immer der Champion, wenn er wollte.

Wenn man nun zum Schluss sich alle 3 Wahrscheinlichkeits-Thesen über den Sinn des Lebens und der Welt vor Augen hält. Welche würde den größten Wahrheitsgehalt aufwiegen?

Wenn nun zum allerletzten Male der Hammer auf das Holz fallen würde.

Zum 1., zum 2. und zum 3.!

DIE ERSTE THESE, wonach der Mensch und alles Leben ohne Schöpfer entstanden und der Mensch niemals Unsterblichkeit erlangen würde, wo es an sich nur tote Materie gäbe, die für Leben auch verantwortlich wäre und war, und der höhere Sinn damit sinnlos war und bleiben würde.

DIE ZWEITE THESE, wonach der Mensch Unsterblichkeit erreicht und selbst in den göttlichen Bereich rückt. Die Welt und das Leben, deren Entstehung enträtselt hat und den Beweis erbracht hat, dass es nie Gott oder sonstiges Übernatürliches gegeben hätte noch gibt.

DIE DRITTE THESE, wonach es etwas Übernatürliches gäbe, wie zum Beispiel Gott, der als Schöpfer allen Seins oder Nichtseins in Frage käme.

Unter vielem anderem eben auch meine Philosophie von Gott!

Der Mensch wird sich das Universum erobern. Und den Tod besiegen. Meine Entscheidung gilt der 2. These, wonach diese, nach meiner Meinung, den größten Wahrheitsgehalt aufwiegt. Ich glaube an den Menschen, nur ER kann mir helfen, weil es Gott nicht gibt noch gab.

Aber solange nicht die Würfel der Allwissenheit gefallen sind, die die Welt verändern, solange mag auch hier jeder Mensch glauben, was er möchte.

Sein oder Nichtsein, das WAR hier die Frage!

– Ende –

121

Plädoyer

Nach meinem menschlichem Ermessen kann es einen derartigen Gott meiner Fantasie nicht geben, der an derartigen, unzähligen Welten im womöglich unendlichen Universum im Zeichen des Bösen, der Abenteuer willen, oder weshalb auch immer, Gefallen haben könnte. **Was würde es ihm nützen, wenn er in diesem Sinne die Welt besäße und gewönne, wenn er doch Schaden nehme an seiner Seele!** ER würde Derartiges mit seinem Gewissen nicht vereinbaren können. Ebenso kann es auch keine Götter im guten Sinne geben. Da wir nicht im Paradies, sondern eher in der Hölle leben.

Man lese nur die Bibel, das Alte Testament und die Entstehung der Welt, den Sündenfall usw. Das Neue Testament der Christenheit, nach dem Gottes Sohn, geboren von der Jungfrau Maria, in die Welt kam, um die Menschheit zu retten. **Derartiges kann niemals der Wahrheit entsprechen.** Christus wurde und wird vom Judentum als der Erlöser nicht anerkannt und man wird auch in Zukunft und in allen Zeiten vergebens auf ihn warten. Christus sagte von sich, er sei der Erlöser. Aber war er es wirklich, wie verheißen im Alten Testament? Ein guter Gott würde niemals einen Sündenfall dulden, um die Hölle zu zeugen, in der wir leben, um dann später einen Erlöser der Hölle zu schicken. Dies wäre unbarmherzig und widersprüchlich.

Einen derartigen Gott könnte man nicht freisprechen. Der derartige Höllenqualen zuließe, welche Menschen erdulden müssen. Ein guter Gott würde ein Paradies erschaffen, wo es keinen Sündenfall geben kann. Nur in einem Paradies, ohne das Böse, gibt es keine Tränen, noch Kummer und Leid. Da es aber die Hölle gibt, gibt es auch keine Götter oder etwas Übernatürliches im guten Sinne.

Da wir in der Hölle leben, spricht eher alles dafür, dass alles Leben, so auch der Mensch, aus an sich toter Materie hervorgegangen ist. **Der Tod wäre der Kronzeuge dafür.**

In diesem Sinne kann es auch keinen Gott nach dem Koran geben. Das heilige Buch des Islam. Nach dessen Offenbarung Allahs, des alleinigen, einzigen Gottes seit Ewigkeit, des Welterschaffers und Herrn aller Weltenbewohner, der keinen Sohn und Helfer besitzt und benötigt. Andere noch bestehende Religionen könnte man ebenfalls ausschließen.

Bleibt nur der Mensch. Er muss der Sinnlosigkeit des Universums, aus an sich toter Materie, einen Sinn geben. Die Hölle und den Tod besiegen. Nur der Mensch kann sich ein Paradies erschaffen, ohne Tränen, Kummer und Leid. Wenn man sich nun alles Leid und Elend, welches Menschen durch Krieg, Krankheit usw. seit Menschengedenken durchmachen mussten, bis zum letzten Atemzug, wo der Mensch noch mehr Tier war, seit Anbeginn bis heute, vor Augen hält, wie kann dann hier noch ein Mensch an einen guten Gott glauben? Wo er dann nach dem Tode durch seine Seele hinkäme. Dies halte ich für Schizophrenie des Bewusstseins.

Aber jedem das Seine!

Das Paradoxe wäre noch, dass der Gott meiner Vision die Wahrheit wäre?

Das schwerste und Beseligendste
ist das Leben zu lieben-es zu lieben
selbst wenn man leidet.
DENN DAS LEBEN IST ALLES.

(Tolstoi)